온택트
프로젝트
수업
ALLO!
PBL!

온택트
프로젝트
수업
ALLO!
PBL!

초판 1쇄 인쇄 2021년 9월 15일
초판 1쇄 발행 2021년 9월 25일

지은이 곽민철, 정순여, 최은미
펴낸이 최익성
편집 김희정
마케팅 송준기, 임동건, 임주성, 강송희, 신현아, 홍국주, 김태호, 김아름
마케팅 지원 황예지, 신원기, 박주현, 이혜연, 김미나, 이현아, 안보라
경영지원 이순미, 임정혁
펴낸곳 플랜비디자인
디자인 빅웨이브

출판등록 제 2016-000001호
주소 경기도 화성시 동탄첨단산업1로 27 동탄IX타워
전화 031-8050-0508
팩스 02-2179-8994
이메일 planbdesigncompany@gmail.com

ISBN 979-11-89580-98-8

프로젝트
수업
비대면으로
가능할까요?

곽민철, 정순여, 최은미 지음

온택트
프로젝트
수업
ALLO!
PBL!

플랜비디자인

우리의 수업
제대로 하고 있나요?

수업의 현장을 벗어나서 세상을 한번 바라보시죠. 스타트업이라는 단어에는 청년들의 열정 그리고 자유로운 문화가 담겨 있습니다. 반면 과거의 성공방식과 지식을 내려놓고 필사적으로 도전하는 그들만의 방식도 포함되어 있습니다. 만약 이것이 그저 특별한 청년들의 특별한 활동이라면 페이스북, 아마존, 링크드인, 유튜브는 탄생하지 않았겠죠? 자유롭게 무엇인가에 도전하고 실패해보는 경험을 통해 성공을 그려가는 것이 요즘 청년들의 모습입니다. 시대에 맞는 학습을 위해서 우리의 수업 역시 같은 그림을 그려야 할 것입니다.

그런데 우리의 수업은 어떤가요? 이제는 익숙한 말이 되어버린 4차 산업혁명, 디지털 혁명, 언택트들을 우리의 수업 속에 담고 있나요? 학습자들은 지금 당장이라도 이런 흐름에 발맞추어 가야 합니다. 이런 속에서 지금의 수업이 필요한지 필요없는지 판단하고 있습니다. 우리의 학습자들은 우리 수업의 가치를 높게 평가하고 있을까요? 아니면 졸업장을 따기 위해 혹은, 경험을 쌓기 위해 그저 지나가는 과정으로만 보고 있을까요? 교수자는 어떤가요? 설마 팬데믹을 핑계 삼아 수업의 질을 올릴 방법이 없다며 불평만 하고 계시지는 않겠죠? 저는 믿습니다. 여러분은 팬데믹을 변화로 받아들이고 새로운 경험을 할 수 있는 수업을 만들어 가고 있으리라고 말이죠. 이 질문에는 오직 교수자 본인만이 답할 수 있을 것입니다.

조금만 더 깊숙이 들어가보시죠. 세상은 항상 새로운 것을 필요로 했습니다. 언제나 조금 더 나은 변화를 꿈꾸고 실행해왔죠. 이는 자연이 만든 것이 아닙니다. 모두 인간이 만들어 낸 것들입니다. 새로운 것을 향해 변화하는 것은 인류의 역사이자 미래이기도 합니다. 오죽하면 고대 그리스의 명언 중 '변하지 않는 것은 오직 변한다는 사실 뿐이다.'라는 말이 있을까요? 너무 오래된 이야기라고요? 세계경제 포럼WEF에서 발행한 〈직업의 미래The Future of Job〉에 의하면 모든 산업군의 30%에서 지식과 기술이 아니고 복합적 문제해결능력을 요구한다고 밝힌 바 있습니다. 세상에서 필요로 하는 역량이 바뀌고 있는 것입니다. 우리의 수업은 이에 맞춰 변화하고 있나요? 수업의 변화는 선택이 아니라 필수입니다.

코로나라는 거대한 팬데믹 앞에서 우리는 멈춰 있었습니다. 멈추니 비로소 보이는 것도 있습니다. 지금까지의 방식대로의 수업으로는 안 된다는 것입니다. 필사즉생必死則生 필생즉사必生則死라 했나요? 죽으려 하면 살 것이고 살려고 하면 죽게 되는 것처럼. 만날 수 없는 환경이라고 포기하지 말고, 최선을 다해 부딪혀 보는 것이 어떨까요? 어려울수록 해낸 사람이

귀해지는 법이죠. 지금 변화를 읽는 것, 주인공이 되어 경험해 보는 것 그리고 온라인에서 누구나 어렵다고 느끼는 것을 해낸다면 어떠할까요? 문제를 마주하는 것, 새로운 환경을 이겨내는 것 그리고 자신이 수업의 주인공이 되는 것 모두 '프로젝트'라는 단어와 느낌을 함께 합니다. 만약 여러분이 이 포인트에 동의한다면 팬데믹 속에서 프로젝트 수업을 할 준비가 되어있는 것입니다.

이 책이 자그마한 도움을 제공할 수 있다면 금상첨화겠습니다. 이 책의 1,2 챕터에는 대면과 비대면을 아울러서 프로젝트 수업을 진행해온 노하우와 교수 이론을 담았습니다. 그리고 3, 4챕터 온라인 협업도구 알로ALLO의 사용방법과 프로젝트 수업을 만드는 매뉴얼을 담았습니다. 온택트 프로젝트 수업을 준비하는데 필요한 모든 것을 담았습니다.

저는 여러분이 비대면 환경과 상관없이 학습자가 온전히 주인이 되는 수업을 꿈꾸고 있다고 확신합니다. 학습자와 수업을 진심으로 생각하는 사람들의 철학, 진행방법, 질문하는 방법이 궁금하시리라 생각합니다. 여러 온라인 도구들의 홍수 속에서 도구에 지치지 않도록 하고자 합니다. 프로젝트 수업에 적합한 알로ALLO를 조금 더 쉽게 수업에 적용하도록 돕고자 합니다.

대단히 특별한 수업을 하고 남과 다른 것을 진행하기 위함이 아니라 '온라인에서 상호작용이 있는 수업'을 실현하는 것 그리고 학습자를 다시 학습의 주인공으로 만들기 위해 동행하신다면 지금 바로 인사 나누고 출발하면 됩니다.

ALLO!! 온택트 프로젝트 수업!!

● **홍용남** 대표 / 오시리스시스템즈 / 알로 ALLO

우리로 인해 바뀔 내일의 '경험'

그 동안 인류는 인간이 가진 한계를 극복하기 위해 부족사회를 만들고 그룹을 만들어 왔습니다. 우리는 긴밀한 협업을 통해 호랑이, 늑대, 곰과 같은 천적은 물론, 자신과 다른 이데올로기를 가진 또 다른 인간 무리와 맞서왔습니다. 그런 우리에게 코로나 위기는 함께 할 수 없다는 또 다른 측면에서 인류에게 도전을 안겨주고 있습니다.

하지만 2019년 시작된 코로나는 인류가 다른 차원에서 진화를 할 수밖에 없는 계기를 만들어주고 있다고 볼 수 있습니다. 만나지 않고도 그동안 해왔던 모든 일들을 완수해내야만 하는 상황인 거죠. 이러한 도전은 단순히 기업 현장에서 벌어지고 있는 것만은 아닙니다. 비대면 업무의 경우는 이미 인터넷이 태동한 이래로 많은 진화를 거듭해왔습니다. 인류가 늘 그래왔던 것처럼 코로나 위기에도 비대면을 활용하여 생산성 감소를 최소화하고, 오히려 다양한 인재들을 포용할 수 있는 기회로 활용하기도 합니다.

문제는 이러한 지속적 혁신이 교육 분야에서는 정체되어 있었다는 것입니다. 우리가 E-Learning이라고 부르는 비대면 교육은 코로나 이전에는 인터넷 강의, 학생들과의 비대면 질의응답, 교수의 공지사항, 일정 관리 등 정도의 단순한 정의에 국한되어 있었습니다. 그런데 코로나 이후 이러한 비대면 교육 시장은 Distance education, Remote education이라는 새로운 범주로 재정의되어졌습니다. 앞으로 2026년까지 전세계 Distance education 시장의 시장 규모는 374조 달러로 성장할 전망이며, 이는 기업의 원격 업무 관련 시장의 10배에 달하는 엄청난 규모입니다. 우리의 정체가 지속돼서는 안 되는 이유는 자명합니다.

제가 ALLO를 처음 창업했을 당시인 2014년과는 완전히 다른 수준이 되었습니다. 기술로 해결해야만 하는 문제들도 점점 늘어나고 있습니다. 이제 아이들은 우리가 자라왔던 시기와는 달리, 스마트폰을 당연시 하며, 언제 어디서든 온라인이 가능한 것에 익숙합니다. 미래의 학습자들이 디지털 변화에 대한 능숙도가 뛰어남에 비교하자면 우리나라의 교육 진화는 조금 아쉬운 것이 솔직한 마음입니다. 코로나 위기로 시작된 원격 교육 방식이 부족해 보이겠지만, 실제로 대면하여 교육하는 것보다 더욱 효과적인 측면도 많습니다.

가령, 소극적, 내성적 아이들은 교실에서 목소리를 높이기 쉽지 않습니다. 선생님 한 명이 이러한 학생들의 목소리에 귀를 기울이고, 시간을 내어주는 것 또한 쉽지 않습니다. 하지만 비대면 상호작용의 특성을 고려하면 달라집니다. 내성적인 아이들도 목소리를 자유롭게 낼 수 있고, 그들의 숨겨진 창의성을 교실 전체에 전달하여 집단 아이큐를 높이는 교육이 가능해집니다. 이러한 새로운 교육방식은, 선생님 한 명에게 독점되어 있던 지식의 거버넌스가 분산될 수 있도록 도와줍니다. 분산된 거버넌스는 아이들의 문제해결능력과 자신감을 높여 줄 수 있으며, 팀 플레이를 통해 더 어려운 문제를 해결하고, 더 높은 수준의 지식에 접근할 수 있다는 것을 깨닫도록 도울 수 있습니다. 비대면 환경을 더 나은 학습으로 만들어 가는 것은 이제 우리의 몫입니다.

우리의 전통적인 교육방식이 학생들에게 정답을 요구하고, 비슷한 생각과 사상을 요구하는 과정이었다면, 비대면 방식의 새로운 교육방식은 학생들에게 더 많은 생각의 자율권을 주는 기회입니다. 더 어려운 문제를 혼자서, 또는 누군가와 함께 해결해야만 한다는 것을 강조하고 경험하게 됩니다. 이제 이를 위한 새로운 기술과 교수법이 필요함은 너무나 당연합니다. 전 세계 Distance education 시장규모가 증명해주고 있으며 여러분이 충분히 경험하고 있다고 생각합니다.

이 책 '온택트 프로젝트 수업, ALLO! PBL!'은 비대면 수업을 위해 고민 중인 수많은 사람들의 고민을 해결해줄 수 있는 정보를 담고 있습니다. 비대면 수업을 처음 시작하기 위한 기술들과 기술에 대한 기본적 활용법은 물론, 이러한 기술을 어떻게 현장에서 실제로 활용할 수 있도록 도와드립니다. 어떠한 상호작용을 만들어내야 하는지 아주 기본적이고 근본적인 가이드를 제공하고 있습니다. 이러한 가이드라인 위에서 선생님과 강사 개개인이 자신들만의 교수법을 접목시켜 혁신적인 수업을 만들어낼 수 있다고 믿습니다.

지금부터 교실은 더 개방되고, 더 투명해야 해질 것입니다. 아니 그렇게 되어야만 합니다. 앞으로 학생들은 더 대범하게 자신의 의견을 개진할 수 있어야 합니다. 때로는 학생들끼리 또는 선생님과도 토론을 할 수 있어야 하는 것은 당연하고요. 외부에 떠도는 다양한 정보들을 함께 견주어보며 객관적이고 비판적으로 받아들일 수 있어야 합니다. 이것이 앞으로 수업의 역할이 될 것입니다.

마지막으로 어려운 환경 속에서도 미래의 인재를 육성하고, 올바른 사고방식을 학습할 수 있도록 혼신을 다하는 선생님들과 교육자분들께 존경을 표하며. 선생님과 학생이 함께 문제를 정의내리고, 해결해나가는 그 과정을 '경험'하는 과정에 함께 해주심에 감사드립니다.

이 책이 혁명적 미래 교육 방식의 첫 출발이 될 수 있기를 고대합니다.

● **윤위석** 센터장 / 현대그룹 인재개발센터

현장 실천가들에 의한 실질적인 지침서

세 분의 저자들은 기업 교육 현장에서, 학교 수업에서 ALLO를 바탕으로 교육과 수업을 이끌어온 전문가이자 현장 실천가들이다.

　ALLO는 지금껏 활용한 협업 툴 중 최고의 효과를 낼 수 있는 도구였으며, 우리는 여전히 프로젝트 업무와 교육에 활용 중이다. 그동안 상세한 매뉴얼이 없어 아쉬웠고 궁금했던 점도 있었는데, 이 책 "온택트 프로젝트 수업 ALLO! PBL!"이 출간되면서 말끔히 해소되었다.

　이 책은 비대면 상황에서 교육과 수업을 어떻게 이끌어가야 할지 고민하는 분들께 북극성과 같은 지침이 될 것이다. 또한, 프로젝트를 성공적으로 수행하고자 하는 업무 담당자에게도 일하는 방법에 변화를 가져오고, 새로운 방식으로 소통하는 기회를 제공할 것이다. 이 책에서 소개하는 ALLO를 활용해 생각지도 못했던 영감을 얻고, 집단지성과 협업을 이끌어내보기 바란다.

● **박상혁** 교수 / 경상국립대학교 창업대학원

온라인에서 학습 효과가 더 확실한 필살기

이 책은 알로 사용법을 담은 온라인수업 매뉴얼이 아니다. 온라인에서 강사와 학습자가 어떻게 상호작용할 것인지에 대한 풍부한 경험과 성찰이 담겨져 있다. 프로젝트 수업은 오히려 오프라인보다 온라인에서 학습 효과가 더 클 수 있다는 필살기 노하우를 제시하고 있다. 팬데믹 시대에 모든 교육자가 읽고 실천해야 하는 필독서다. 이 책을 통해 수업 현장의 변화가 있기를 기대해 본다.

● **최익성** 대표이사 / ㈜플랜비그룹, 경영학 박사

배움 이상을 이야기하고 있는 책이 세상에 나왔다

가르치는 것보다 중요한 것은 배울 수 있게 하는 것이다. 배우는 것보다 중요한 것은 이상에서 적용하고 일상에서 활용하는 것이다. 가르침-배움-적용-활용이라는 단계에서 가장 중요한 활용이 이 책에 고스란히 담겨 있다. 이론적 지식이 풍부한 경험을 바탕으로 명료하게 제시되어 있다. 프로젝트 기반 학습을 ALLO를 이용하여 효과적으로 이끄는 방법에 대해 저자들은 아낌없이 자신의 것들을 내어놓았다. 이 책을 적극 추천한다.

● **김상락** 상무 / 포스코인재창조원, HRD 박사

학습자를 온전히 학습의 주인공으로 만들 수 있는 방법

협업을 강조하는 기업체 온택트(On-Tact) 교육의 길라잡이!

기업체 직원이나 취업준비생이 꼼꼼하게 읽어가면서 직접 실습을 해봐야 할 필독서!!

대학에서 프로젝트 수업을 효과적으로 할 수 있는 방법이 실제 경험을 통해 생생하게 담겨 있다. 대학 수업뿐이 아니라 기업 교육에도 효과적일 것으로 기대가 된다

ALLO를 활용하여 프로젝트를 해결할 수 있는 꿀팁을 제공해주는 이 책은 협업 중심의 PBL Project Based Learning이 대세인 기업체 교육에 신선한 바람을 불러일으킬 것이다.

"온라인에서 상호작용이 있는 수업을 실현하고 그리고 학습자를 다시 학습의 주인공으로 만들기" 위해 이 책을 집필했다는 서문의 문장이야 말로 이 책의 핵심이다. 어느 추천사보다 강력한 힘을 지닌 진정성이 담긴 내용이고 그 집필 의도가 고스란히 실현되어 있는 책이다.

● **장미영** 차장 / 한미글로벌

ALLO가 여러분의 수업에 날개가 되어 줄 것

오프라인 수업에 익숙한 교수자들에게 비대면 수업은 새로운 기술에 적응해야 하는 대단한 도전이다. 이 책은 학습자 중심의 참여식 프로젝트 수업을 포기할 수 없는 교수자들에게 어떻게 하면 온라인에서도 프로젝트 수업을 효과적으로 진행할 수 있을지 차근차근 가이드한다.

저자들은 온라인 협업도구인 ALLO를 소개하며 만날 수 없고, 만나도 참여식 수업을 진행할 수 없는 시대적 상황에서도 프로젝트 수업이 가능함을 보여주고 있다. 우리는 그저 한 페이지 한 페이지 넘기며 저자들의 설명을 차근차근 따라하기만 하면 된다.

지난 시간 동안 교육계는 교수자 주도의 전달식 교육에서 학습자 주도의 참여식 교육으로 변화하기 위해 부단히 노력해왔다. 이제 온라인의 낯선 기술, 새로운 방식에 익숙해 지지 않으면 또 다시 교수자 중심의 전달식 수업으로 돌아가야 할지도 모른다.

포기하지 말고 ALLO해 보자!

여러분의 수업에 날개를 달아줄 것이다.

CONTENTS

ALLO!
온택트 프로젝트 수업

：

어둠 속에서 가르치는 것이 효과가 있을지 의문이다.
Teaching in the dark is questionable practice.

힐다 타바 & 드보라 엘킨스

온택트, 프로젝트 수업 포기하실 건가요?

만약 코로나 이전에 비대면으로 온라인에서 팀 프로젝트 수업을 한다고 했다면 어떤 말을 들었을까요? 반대로 코로나를 겪는 동안에 비대면에서 참여식, 토론식 수업을 이야기한다면 어떤 사람으로 판단되었을까요? 주변 교수자로부터 그리고 학습자로부터 엄청난 비난과 눈총을 받았을 것입니다. 그러나 실제로 저는 2018년 리얼타임보드(현 미로MIRO)라는 도구를 젊은 스타트업 기업에서 사용하는 것을 목격했습니다. 포스트잇 가득한 강의장에서 벗어나 디지털 포스트잇으로 현장에 없는 사람들에게 회의 결과를 실시간으로 전달하고 있었습니다. 그야말로 충격이었습니다. 그래서 이를 주변에 소개했는데 그때는 이런 반응이었죠. "좋은 것은 알겠는데 포스트잇이 있는데 뭐 하러 그걸 써?" 쓸데없다는 이야기를 들었습니다. 심지어 별난 도구를 사용한다며 흥밋거리만 찾는 사람처럼 대접 받았지요. 하지만 어떤가요? 이제는 제가 속이 시원합니다. 대기업들이 발 벗고 나서서 언택트 도구들을 채택하고 있고요, 서로 재택근무가 효과적임을 외치고 있습니다. 디지털 도구 사용이 당연시 되고 있습니다.

문화 그리고 교육의 변화는 단시간에 이루어지기 어렵습니다. 너무 급진적인 대안은 사회적 분위기에 무시당하겠지요. 하지만 지금은 원하던 원하지 않았던 간에 변화해야만 하게 되었습니다. 그동안 우리는 충분히 비대면 수업을 해보았고 가능성도 한계점도 느낄 수 있었습니다. 수업이 고정관념을 깨고 한 단계 성장하는데 지금보다 좋은 시기는 없으리라 생각합니다. 비대면 프로젝트, 비대면 디지털 도구와 함께 과제를 학습하고 수행하는 것이 번거로운 동행임은 분명합니다. 하지만 충분히 긍정적임을 그리고 앞으로의 수업에 반드시 필요함을 알고 있을 것입니다. 하나 더 첨언하자면 우리의 수업은 미래를 살아갈 학습자의 것입니다. 현재가 아닌 미래를 위해 지금 한 단계 더 진보해야 하고 우리는 할 수 있습니다.

이제는 겪을 만큼 겪은 비대면의 현실을 바라보시죠. 비대면이 어렵다고 회피하고 어쩔 수 없다는 평계를 선택했다면 일방적인 전달로 구성된 고전적 교수 방법을 선택했을 것입니다. 그러나 학습의 효과는 어떠했나요? 분명 만족할 수 없었을 것입니다. 그렇다고 새로운 방법을 만들고 도전하자니 엄두가 나지 않는 것이 사실입니다. 그렇다면? 방법은 무엇인가요? 역설적이지만 어려운 상황에서 더 어려운 것을 선택해야만 우리는 성장합니다. 진짜 학습이 무엇인가요? 지식을 습득하고 적용해 보고 자신의 것으로 익히는 것입니다. 직접 자신의 문제를 또는 프로젝트를 주도하여 경험하는 것이 더욱 확실한 학습입니다. 비대면 학습 환경을 정확히 마주하면 답은 너무 명확합니다. 어떠한 환경에서도 수업은 학습자 중심, 학습사 주도, 학습자 활동 수업으로 가는 것이 미래를 밝히는 길입니다.

최종 선택은 교수자에게 달려 있습니다. 교수자가 비대면 환경에 적응, 이해하고 수업을 설계하는가에 따라서 모든 것이 바뀝니다. 학습자가 달라져야 한다고 외친다면 그것은 비겁한 변명에 불과합니다. 수업 구성의 주도권은 교수자에게 있습니다. 자기 주도 학습 능력이 부족하다는 핑계로 학습자 탓을 할 때가 아닙니다. 우리가 어떤 선택을 하느냐에 따라서 학습자들에게 비대면을 축복으로 만들어 줄 수도 있다는 점을 잊지 않기를 바라며 다시 여쭙겠습니다.

비대면이라고 프로젝트 수업 안 하실 건가요?

비대면 수업 환경에 대한 포기와 노력의 경계선

어려움 속에서 사람은 가장 먼저 무엇을 포기할까요? 아무래도 당장 필요한 것들은 챙기고 덜 중요하다고 생각하는 것은 버릴 수밖에 없습니다. 당장 없으면 안되는 것, 절실한 것이 아니면 우선 순위에서 밀릴 수밖에 없습니다. 특히 정신적인 가치들은 이런 상황에서 항상 뒷전이 되었습니다. 우리의 수업은 코로나19를 겪으며 무엇을 버리고 무엇을 선택했나요? 코로나19라는 상황은 그야말로 혼돈이었습니다. 혼돈Chaos은 문제의 실마리가 정확히 보이지 않는 순간을 의미합니다. 방향을 찾기까지 눈앞에 벌어지는 현상을 해결하며 문제가 어느 정도 진정세가 될 때까지 버텨야 합니다.● 우리는 그 혼돈 속에서 당연히 나름대로 최선을 다하고 고군분투했지

● 크네빈 프레임워크

만 많은 것들을 뒤로 미뤄왔습니다. 프로젝트 수업도 마찬가지입니다. 지금부터의 이야기는 지금의 상황을 누군가를 탓하거나 위안하기 위함이 아니라 우리가 교수자로서 잠시 내려두었던 것을 되찾기 위한 이야기입니다.

그래서 코로나로 인해 우리가 수업 현장에서 가장 먼저 포기한 것은 것은 무엇일까요? 바로 상호 작용입니다. 2020년 여름 한국교육학술정보원에 의해서 조사된 바에 의하면 교과 수업 시 활용하는 원격 수업 형태 중 실시간 쌍방향 수업은 5.96%에 불과합니다. 나머지는 모두 콘텐츠 중심 또는 과제 부여의 형태로 진행되었고 심지어는 교육방송 콘텐츠만 한 학기 내내 틀어준 교실이 허다하다고 합니다. 상호 작용을 기반으로 한 수업은 소수에 불과하였습니다. 하나 더 함께 살펴보아야 할 부분은 교사들이 원격 수업에서의 가장 큰 어려움으로 학생의 학습 동기 부여 및 참여 유도(24.1%)를 꼽았다는 것입니다. 그만큼 원격 수업에서 상호 작용이 어렵다는 의미겠지요. 하지만 우리가 보아야 할 메시지는 상호 작용이 어렵다는 이유로 약 5.96%의 수업 이외에는 모두 상호 작용의 끈을 놓아버렸다는 것입니다.

그런데 상호 작용이 없는 수업이란 무엇인가요? 교수자의 지식을 일방적으로 전달하거나 답이 정해져 있는 과제를 수행하는 것입니다. 매우 전통적인 수업 방식이고, 교수자 중심이자 공급자 중심의 방법입니다. 다행히도 현실은 우리 모두가 어려움 속에서 회귀하지는 않았습니다. 교수자들은 이러한 혼돈의 상황 속에서 상호 작용으로 숨을 불어넣으려고 노력했습니다. 5.96%는 단순한 소수가 아니라 수업의 미래를 만들려는 노력이었습니다. 만약 모두가 머물러 있었다면 오랫동안 지키고 발전시켜왔던 학습의 철학과 미래 교육의 방향은 없어졌을 겁니다.

다시 준비하는 제4차 산업혁명과 미래 교육

선명하게 기억나는 것은 분명 코로나19 이전까지 미래 교육의 화두는 제4차 산업혁명이었습니다. 코로나19를 핑계로 잠시 잊고 있었지만, 지나간 것이 아닙니다. 세상은 변하고 있는데 교육은 외면하고 있었을지도 모릅니다. 하지만, 코로나19로 인해 변화가 가속화되고 있습니다. 우리가 비대면에서 흔히 쓰고 있는 디지털 기술을 비롯하여 미래 사회의 상징인 초연결 플랫폼 그리고 메타버스와 사물 인터넷으로 연결되는 삶까지도 교육에 혹 들어왔습니다. 잠시 잊고 있었던 4차 산업혁명의 설명으로 다시 돌아가 보죠. 2016년 WEF의 클라우스 슈밥은 4차 산업혁명을 "디지털 혁명을 기반으로 다양한 과학 기술을 융합해 개개인뿐만 아니라 경제, 기업, 사회를 유례없는 패러다임 전환으로 유도하는 변화"라고 했습니다. 코로나19 이전에는 미래 이야기 같았지만 어떤가요? 유례 없는 패러다임 전환은 이미 이루어지고 있습니다. 우리는 학습자를 위해서, 즉 우리의 미래를 위해서 잊지 않고 기억하고 지각하고 또 떠올려야 합니다.

지금 우리의 수업에서 이러한 디지털 혁명으로 인한 빛과 그림자는 모두에게 나타납니다. 온라인으로 진행되는 교육 도구의 발전과 개발 그리고 디지털 교수법들은 빠르게 성장하고 있습니다. 줌Zoom은 모두가 사용하는 도구이며 이제는 다른 도구와 융합하는 단계까지 왔습니다. 만약 디지털 도구에 익숙하지 않다면 비대면 수업 현장에서 사람을 만날 수 없다는 의미가 됩니다. 결국 상호작용을 중심으로 하는 과정은 소멸하게 되고 기본 교과목 수업을 겨우 처리하는 수준에서 머물게 됩니다. 창의성 교육, 역량 중심 교육, 융합 교육, 공동체 교육, 시민 교육 그리고 프로젝트 교육은 퇴보했거나 그 명맥만을 이어갈 뿐입니다. 대면이 어려운 지금 같은 환경에서 제대로 수업을 하기 위해서는 최소한의 디지털 환경에 적응해야 한다는 의미가 됩니다. 이것은 인공지능을 자유자재로 다루는 정도를 말씀드리는 것이 아닙니다. 변화에 순응하기 위한 아주 최소한의 적응을 말씀드리는 것입니다.

디지털 변화와 도구를 어느 정도 갖추게 되면 자연스레 학습의 의미와 교수법에 주목하게 됩니다. 도구는 수단일 뿐이고 학습이 목적임을 살필 여유가 생기는 것입니다. 다시 말하자면 디지털 도구는 최소한의 필요 조건입니다. 비대면 환경에서 좋은 수업을 만드는 필요충분 조건은 오프라인과 같습니다. 교수자와 교수법, 학습자와 교수 환경 등이 핵심입니다.

그런 의미에서 온택트 프로젝트 수업On-tact Project Based Learning은 더 엄두가 안 납니다. 화면으로만 만나는 학생들이 프로젝트를 잘 하고 있는지 체크하기 어려운데다가 학생들끼리 만나는 것을 독려하는 것은 불가능해 보입니다. 하지만 조금만 시선을 달리해 보면 이야기가 달라집니다. 비대면의 환경은 교수자를 지식 전달자에서 학습 조력자로 바뀌게 합니다. 오히려 학습자들이 스스로 학습을 할 수밖에 없게 됩니다. 또한, 학습자 간의 상호 작용을 바꿉니다. 디지털은 물리적 연결은 어렵지만 정보의 교환은 쉽게 만듭니다. 4차 산업혁명이라는 외부 환경은 비대면 협업을 할 수밖에 없게 만듭니다. 이제는 비대면 프로젝트는 당연히 학습해야 하는 행동 양식이 되었습니다. 온택트 프로젝트 수업은 시대가 원하는 학습의 방법론이자, 콘텐츠이자, 교수법입니다.

우리의 학습자들이 앞으로 활동할 비즈니스와 기업들은 이미 비대면의 협업을 진행하고 있습니다. 카카오는 코로나19로 인한 원격 근무가 시작되었을 초기에 원격 근무 종료일을 아예 정하지 않았습니다. 내부 업무 툴인 '아지트'와 카카오톡을 통해 충분히 업무를 진행하고 있습니다. 이전처럼 사무실에 모여서 일하는 체제로 절대 돌아가지 않겠다는 굳은 의지를 보여주기도 합니다.● 게다가 지금은 "비대면 업무, 할 만합니다."가 아니라 "비대면이 더 좋습니다." 라고 하는 대표적인 조직이 되었죠. 또한 SK의 최태원 회장은 "재택 근무 경험, 일하는 방식 혁신 계기로"라며 전사 재택 근무라는 강수를 두었습니다.● 결과는 어떠했을까요? 모두가 모여서 일하는 과거로 다시 돌아가게 될까요? 답은 이미 우리 모두가 알고 있습니다.

조금 더 솔직히 파고들자면 우리에게 코로나 상황은 처음이지만 비대면에서의 상호작용은 처음이 아닙니다. 그저 저널 속 실리콘밸리만의 스토리가 아닙니다. 우리 주변의 현실이 되어 있습니다. 성수동만 가 보아도 스타트업 기업의 직원들은 2010년대 중반부터 리얼타임 보드Real Time Board, 뮤랄MURAL, 트렐로Trello 아사나ASANa 등 여러 가지 도구들을 사용하고 있었습니다. 기업들이 코로나19 사태를 위기가 아닌 혁신의 기회로 삼고 있는 이상, 온라인에서의 협업 경험을 주는 것은 대학에서 필수가 되었습니다. 한 마디로 정리하자면 이렇게 말씀드려야 할 것 같습니다.

"이제는 때가 된 거죠."

● "코로나 끝나도 재택근무하라." 기업들의 코로나 반전, 중앙일보(20.03.02)
● 기업 "이참에 디지털 혁신"…일하는 방식 바꾸는 기업들, 조선비즈(20.04.01)

온택트 + 프로젝트 수업

'온택트 프로젝트 수업'은 무엇인가요?

온택트(On-Tact), 언택트(Un-tact), 비대면(非對面) 등 비슷한 말이 참 많지요? 어떤 단어는 문법에 맞지 않거나 영어권에서는 통하지 않는 단어임에도 불구하고 계속해서 회자되는 이유는 분명 어딘가에서 적합한 의미로 각자가 자리잡았기 때문입니다. 그 중 교육 분야에서 자주 사용되고 우리가 함께 사용할 '온택트(On-Tact)'는 온라인(Online) + 콘택트(Contact)의 합성어입니다. 단순히 보자면 온라인에서 서로 연결을 시도하는 수업으로 보일 수 있지만 온라인에서도 오프라인처럼 연결되고 싶은 의지가 숨어 있는 단어입니다.

비대면(非對面) 수업 사람과 사람이 마주하지 않고 진행되는 수업
온택트(On-Tact) 수업 비대면 환경에서도 서로 연결되어 상호작용하며 진행하는 수업

이제 프로젝트 수업에 연결해 보도록 하겠습니다. 온택트 프로젝트 수업을 아주 간단하게 말하자면 '문제를 해결하는 과정에서 학습하도록 하는 활동'을 '온라인의 장점을 활용'해서 설계하는 교수 방법입니다. 온택트에다가 프로젝트 수업까지 붙으니 거창하고 어려운 것 같지만 절대 그렇지 않습니다. 프로젝트 수업은 학습자가 직접 문제를 해결하는 학습이죠? 프로젝트는 그대로 있을 뿐 학습자가 뛰어 놀아야 하는 환경만 온라인으로 바뀌었을 뿐입니다. 온라인의 장점 중 하나가 사용자에게 독립된 시간과 공간을 주는 것 아닌가요? 이것만 잘 활용하면 떨어져 있지만 그들이 진짜 주인공이 되는 학습을 만들 수 있습니다. 교수자 없이 부딪히고 해내고 성장하는 것이 프로젝트 수업의 궁극적인 목적이니까요. 피할 수 없으면 즐기라고 했나요? 어차피 만날 수 없다면 만나지 않아도 되는 수업을 만들고, 만나지

않고도 효과적인 학습이 되는 교수법을 사용해야겠습니다. 교수자의 지식을 전달하는 것이 이 시대에 맞는 학습이 아니라는 것에 동의하신다면 함께 온택트 프로젝트 수업하셔야 합니다. 자, ALLO, 온택트 프로젝트 수업!!

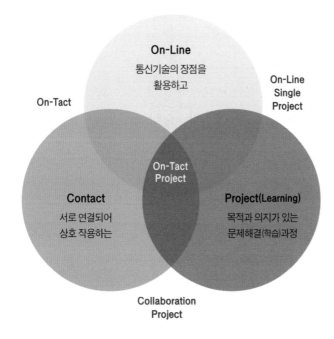

On-Line
통신기술의 장점을
활용하고

On-Line
Single
Project

On-Tact

On-Tact
Project

Contact
서로 연결되어
상호 작용하는

Project(Learning)
목적과 의지가 있는
문제해결(학습)과정

Collaboration
Project

온택트(On-Tact) 프로젝트
비대면 환경에서도 서로 연결되어 상호작용하며 문제를 마주하고
직접 해결하며 진행되는 수업이자 학습과정

온택트 수업 해보니
어떠세요?

코로나와 시작된 그해 봄, 창밖에는 벚꽃이 피었지만 교실은 피어나지 못했습니다. 학교에 갈 수 없는 학생들을 보면 마음이 아프고 안쓰러웠습니다. 온라인으로 수업해야 한다는 사실에 사람들은 불안과 불만 그리고 분노에 가까운 감정을 드러냈습니다. 이때까지만 해도 온라인 수업은 아무나 아무데서나 들을 수 있는 저렴한 콘텐츠 취급을 받았습니다. 학습자의 입장에서 바라보면 대면보다 낮은 수준의 강의가 이루어지지 않을까 하는 두려움이 표출된 당연한 반응이라고 볼 수 있었지만 우리는 하나를 잊고 있었죠. 교육Education을 직업으로 하는 사람들은 학습자로부터 얻는 긍정적 반응을 통해 가장 극적인 보상을 얻는다는 점입니다. 방법은 다르겠지만 모든 교수자들은 더 좋은 수업을 하고 제대로 가르치겠다는 마음으로 준비했습니다. 디지털 도구도, 상호 인사도, 우편으로 보내는 교재도 모두 땀방울의 흔적입니다. 어떻게든 상호 작용을 만들려는 노력을 하는 교수자들이 더 많았음을 알고 있습니다. 초반에는 핸드폰으로, 노트북으로 심지어 별풍선이 오고가는 동영상 플랫폼까지도 동원되었던 웃지 못할 추억들이 그 증거입니다. 진정성이 있는 노력의 결과를 경험한 사람들은 말합니다. "비대면도 나쁘지 않은데?"

위기를 긍정적으로 바라보면 기회가 됩니다.

비대면 수업을 경험하기 전까지 온라인의 장점은 이동 시간과 접근성만 있을뿐 나머지는 더 안 좋다는 평가가 많았습니다. 하지만 생각지도 못한 곳에서 장점들이 나타났죠. 수줍음이 많아 발표가 활발하지 않은 학생이 온라인에서는 자신의 차례에 부담 없이 의견을 제시하기도 하고, 대면 환경에서는 질문이 없었던 학생들이 비공개 채팅을 활용해서 교수님에게 중간에 질문하기도 합니다. 모든 친구들 앞에서는 말할 수 없지만 교수님에게만 커뮤니케이션하고 싶은 것이 있을 수 있으니까요. 예전에는 연구실까지 가야 할 수 있던 대화를 지금은 DM Direct Message으로 쉽게 소통합니다. 물론 좋은 점만 있는 것은 아닙니다. 실제 현장에서는 "소리가 안 들려요.", "다시 설명해 주세요." 등 아주 시끌벅적한 분위기가 연출되기도 했습니다. 이것은 과거에 교수자에게 집중되었던 학습 활동이 학습자에게 분배가 되는 역사적인 현장입니다. 심지어 강의 중 구글에 검색해 보고 자신의 자료와 다르다고 설명해 달라는 학습자들도 있습니다. 이들은 일방적 교육에 대한 혁명군이 됩니다. 꼭 기억해두셔야 할 사건이에요. 지금까지 교수자에게만 의지했던 교육 환경에서 훨씬 높은 수준의 수업이 이루어지게 되는 시작점이라 할 수 있습니다. 코로나19는 인류에게 아픔이지만 변화에 대한 우리의 대응은 자랑할 만합니다.

우리는 이번 팬데믹을 경험하며 대면과 비대면을 비교할 수 있었습니다. 대면 수업에서의 오감이 교환되는 환경 그리고 비대면 수업에서의 정보 습득과 상호 작용의 가능성, 지켜야 할 것과 변화해야 할 것들을 더욱 확실히 알게 되었습니다. 바람 베크라드니아 영국 고등교육정책연구소장은 "강의실에서 배우는 전통적인 강의는 융합형으로 바뀌어 새로운 창의적 교육과정이 만들어질 것"이라고 말했습니다. 또한 앤서니 살시토 마이크로소프트 교육 부문 부사장도 "온라인과 오프라인 교육이 병행되면서 보완적 역할을 할 것"이라며 "주어진 교육 환경에 따라 적합한 교육 도구 툴을 사용해야 한다."고 말했고요. 모두 온라인-오프라인, 대면-비대면이 기존의 교육 환경을 지킴과 동시에 더욱 발전할 수 있다는 가능성을 시사합니다. 사실 이런 통찰보다 더 확실한 증거는 우리에게 있습니다. 교수자와 학습자 모두가 한 단계 높은 경험을 했습니다.• 환경은 열악해졌을지 몰라도 원하는 수준은 높아졌고 앞으로 발전할 수밖에 없죠.

업그레이드는 쉬워도 다운그레이드는 어려운 법이잖아요.

막상 해보니까 나쁘지 않더라.

처음 온라인에서 느꼈던 어색함도 이제 익숙해졌습니다. 이제 교수자와 학습자는 화면에서의 만남이 당연한 것이 되었습니다. 서로 화면에서 손을 흔들고 가벼운 미소로 인사하며 오늘 함께 할 1시간을 약속합니다. 겨

• "보이지 않은 작은 바이러스가 900년 묵은 대학교육의 근간을 흔들었다", 동아사이언스(2020.06.24)

우 한 해가 흘렀을 뿐인데 말이죠. 이전의 세상이 오히려 가물가물할 정도입니다. 오히려 지금의 비대면 환경의 장점을 즐기며 살고 있음을 발견합니다. 인간은 우리가 생각하는 것보다 변화에 강한 존재임이 새삼스럽게 느껴집니다. 게다가 코로나19 이전에도 이런 변화를 미리 대처한 대학이 있습니다. 바로 미네르바 스쿨입니다.

미네르바 스쿨Minerva School은 '하버드보다 가기 힘든 대학'이라는 타이틀로 더 유명합니다. 캠퍼스가 없습니다. 미네르바 스쿨은 강의실도, 도서관도 없습니다. 캠퍼스가 없는 대신 대한민국을 비롯한 7개 국가에 기숙사가 있습니다. 미국, 아르헨티나, 영국, 독일, 인도, 대만 그리고 대한민국 도시에 있는 기숙사를 학기별로 돌아다닙니다. 도시에 남아서 그 도시의 문제들을 접하고 통찰합니다. 인도의 젠더 이슈, 미국의 인종 이슈 등 새로운 지역에서 새로운 문화를 가진 사람들과 지식을 현실화하는 과정을 거치며 진짜 학습을 만들어 갑니다. 그들이 캠퍼스가 아닌 현실에서 활동하는 이유가 바로 책으로만의 학습이 아닌 깊이 있는 이해를 경험하는 것을 추구하기 때문입니다.● 엄밀히 말하자면 구분짓기보다 세상과 캠퍼스의 벽을 없애고 세상과의 상호 작용을 설계했다는 것이 더 정확할 것입니다.

수업은 인터넷 강의로 이루어지는데 일방적인 수업이 아닌 쌍방향으로 상호 작용하는 장치들이 준비되어 있습니다. 실시간 투표, 실시간 실험, 토론 내용을 시각화하거나 협력해서 문서 작업을 하는 활동을 지원하고 때로는 수업 도중 조를 나누어 대화하도록 지원합니다. 이런 미네르바 스

● 미네르바 스쿨 홈페이지. https://www.minerva.kgi.edu/global-experience/

쿨의 온라인 수업 시스템은 코로나19 이후 모든 원격프로그램의 롤 모델이 되었습니다. 지금 우리들이 하고 있는 몇몇 화상플랫폼의 시스템이 이곳에서는 미리 이루어지고 있었죠. 마치 미네르바 스쿨의 학생들이 미래 교육을 여행하고 돌아온 사람들처럼 생각됩니다.

하지만 우리가 미네르바 스쿨을 보며 엄밀히 선을 그어야 하는 부분이 있습니다. 정말 중요한 포인트입니다. '온라인 교육(혹은 원격교육)'이 미네르바 스쿨을 특별하게 만든 것이 아니라는 점입니다. 미네르바 스쿨을 경험한 학생들이 입을 모아 강조하는 것은 교육 시스템의 효율성이 아닌 '학습 능력의 효율성'을 끌어올리는 교육이라는 것입니다. 대부분의 지식은 시간이 지나면 도태되고 심지어 대학을 졸업하기 전에 새로운 지식으로 대체되지만, 그러나 실제 환경에서 지식을 활용해본 경험은 학습자에게도 세상에게도 진짜 실현으로서 의미를 갖는다는 점이죠. 미네르바 스쿨의 학생들은 '책 속의 지식'이 아니라 '삶 속에서 찾는 지식'을 추구한다고 표현합니다.● 결국 온라인 수업은 그저 도구일 뿐이라는 점을 강조합니다. 더 나은 수업을 준비하는 것은 온라인에서도 오프라인처럼 지식이 세상에 가까워지는 상호 작용을 만들어야 한다는 것입니다.

비대면 환경 프로젝트 수업 가능해요?

이제 남은 것은 '비대면 환경에서 프로젝트 수업이 효과적인가?'라는 질문에 대한 답입니다. 답은 Yes입니다. 비대면에서 실시하는 지식전달형

● [UNN 리포트] 허정윤 기자의 미네르바스쿨 학생 원격 인터뷰, 한국대학신문 (2020.04.27)

수업보다 훨씬 효과적이고 효율적입니다. 비대면은 학습자 입장에서 온전히 혼자인 상태입니다. 고립되면 고립될수록 학습 동기나 교수자의 실재감으로 인한 영향력은 낮아집니다. 자기 자신이 주도권을 가질 때만 적극적이 됩니다. 그렇기에 정답이 정해져 있거나 영상을 다시 돌려보면 알 수 있는 사실보다 자신이 찾아보게 하고 학습할 거리를 제공해 주는 것이 좋습니다. 그것이 학습 동기를 부여하고 수업 자체에 대한 실재감을 느끼게 하는데 도움이 됩니다. 어떻게 하냐구요? 교수자는 수업에 스케치만 하고 학습자들이 채워 넣도록 하는 것이죠.

프로젝트 수업이 비대면 환경에 적합한 또 다른 측면은 학습자가 통제되기 어렵다는 점입니다. '통제'라는 것은 한쪽이 완전한 권력이나 자원을 선점해야만 가능합니다. 비대면 환경에서는 그렇게 할 수가 없습니다. 교수자의 정보보다 온라인에서 접하는 정보가 더 설득력 있습니다. 교수자의 권력보다 더 확실히 분리되어 있는 물리적 환경에서는 통제라는 단어가 적용되기 어렵습니다. 통제가 아니라 안내가 더 적합한 전략입니다. 오프라인에서도 통제 전략은 겉으로만 '네'를 끌어낼 뿐, 실제로는 뒤돌아서면 영향력이 없는 경우가 허다한데 과연 비대면 환경에서 통제를 통한 학습이 가능할까요? 아닙니다. 학습자가 자신이 직접 정보를 찾아가며 필요한 곳으로 가도록 안내하는 것이 더 효과적입니다. 그렇게 할 때 오히려 교수자의 의도대로 학습자가 행동하게 될 것입니다. 이것이 우리가 바라는 진짜 수업 그리고 학습자가 바라는 학습의 모습일 것입니다.

진짜 프로젝트
수업이란

프로젝트 수업을 참여식 수업과 같다고 생각하거나 게이미피케 이션Gamification의 일종으로 알고 있지는 않은가요? 대부분의 수업이 지식을 전달하는 방식 위주로 구성되어 있다 보니 조금만 학생이 참여하 거나 모여 앉아 있어도 프로젝트 학습이라고 혼동하는 경우가 많습니다. 하지만 제대로 안다면 지금까지 언급한 모든 수업방법이 현장에서 모두 구분될 수 있습니다. 교수자의 질문도 달라지는 게 당연합니다. 정답을 이 해하고 있는지 직접적인 질문을 하는 수업이 있다면, 무엇을 문제 삼을 것 인지의 질문을 던지는 수업이 있듯 작은 구분이지만 자세히 들여다보면 모두 다릅니다. 그렇다면 이렇게 복잡한 교수법을 어떻게 나누어 보아야 할까요? 수업현장을 한 줄로 세워서 표현한다면 교사와 학생 사이에 주도 권이 어디에 있는가에 따라서 쉽게 구분해 볼 수 있습니다.

교수법은 우리의 생각보다 다양합니다.

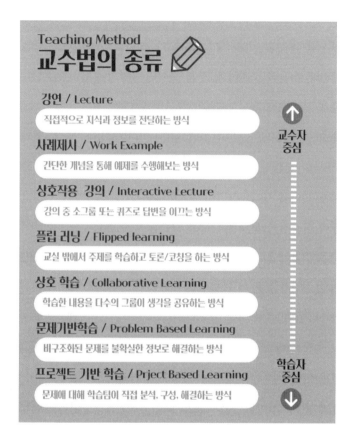

흔히 간단하게는 지식전달형 교수법과 참여식 교수법 둘로 나누곤 합니다. 하지만 그 안에는 학습자가 얼마나 참여하는지에 따라서 매우 작은 차이로 구분됩니다. 그렇다면 '참여'라는 개념을 어떻게 해석하는지가 중요하겠네요. 이 책에서는 참여를 학습자가 수업의 구성 요소를 얼마나 '자신의 의지대로 결정할 수 있는가'로 해석합니다. 학습자가 학습의 내용에 전혀 관여할 수 없거나 질문도 할 수 없다면 극단적인 교수자 중심의 교수법이고 반대로 학습의 내용부터 모든 교수 과정의 방향을 자신이 결정할 수 있다면 극단적인 자기주도 학습에 해당합니다. 이러한 일련의 구분은 딱 잘라서 단속적으로 구분되지는 않습니다. 하나의 수업이라도 두 개 이상의 교수법을 사용하기도 하죠. 우리는 어떤 특정의 수업 방법을 사용하는 교수자가 되는 것보다는 학습목표를 고려해서 교수법을 자유자재로 꺼낼 수 있는 마스터가 되는 것이 중요합니다. 여러 개의 무기를 다룰 수 있으면 여러 학습자, 다양한 학습 상황에 바르게 대처할 수 있으니까요.

만약 단 하나의 가이드라인이 필요하다면 수업을 준비하는 교수자는 학습목표에 따라서 설계해야 한다고 말씀드리고 싶습니다. 모든 상황에서 프로젝트 수업이 옳지는 않습니다. 실제로 대부분의 기초학습과정에서는 프로젝트 수업과 같은 학습자 중심 교수법이 성취도에 미치는 효과가 적다는 연구 결과가 있습니다. 초기에는 교수자가 주도하는 탐색과 탐구 중심의 교수법이 필요합니다. 학습자가 주제에 대해 최소한의 이해를 쌓을 수 있도록 직접 지식을 전달하고 구체적인 피드백을 제공합니다. 그리고 학습주제의 기초지식이 쌓이게 되면 상호 작용과 토의를 통해서 학습자가 직접 자신의 정의를 가질 수 있도록 과정을 거치는 것이 일반적인 방법입니다. 자 그렇다면 이제 프로젝트 수업을 더 잘게 썰어보도록 하겠습니다.

프로젝트 수업이란 무엇인가요?

우선 프로젝트 학습Project Based Learning은 문제 기반 학습Problem Based Learning과 함께 PBL로 불리는 것이 일반적입니다. 또한 의미 역시 비슷하게 받아들여지고 사용됩니다. 하지만 차이가 있는 수업 방법이죠. 그럼에도 구분되지 않고 함께 불리우는 이유는 그 경계선이 한 가지의 기준으로 잘라지지 않기 때문입니다. 학습자 중심이라는 말처럼 구분에 대한 기준이 사람마다 같지 않음도 한몫합니다. 어디까지가 학습자 중심이고 어디까지가 교수자 중심인지 기준을 명확히 하기가 쉽지 않습니다. 그렇기에 이 두 교수 방법을 수업 모습만으로 구분할 수 없습니다. 하지만 소요 시간, 결과물, 수행 과제 등 몇 가지 상대적인 차이를 통해 우리는 이 둘을 구분할 수 있습니다.

		프로젝트 학습 (Project Based Learning)	문제 기반 학습 (Problem Based Learning)
차이점	소요 시간	상대적으로 길고 문제의 성격에 따라 달라짐	상대적으로 짧으며 수업 차수, 단계별로 구분됨
	결과물	과제를 수행한 후 도출된 해결 방안 또는 시제품	명확한 결과물이 있거나 해결 방향이 정해져 있음
	수행 과제	구조화되지 않은 문제	체계적이고 정교화된 문제
	주제의 영역	진짜 이슈(Real World Issue)를 탐색해서 주제의 영역을 결정	학습 목표를 달성하기 위한 시나리오 또는 가설로 제공
	주제의 결정권	학습자 중심	교수자 중심
	교수자의 주요 행동	문제 해결의 포커스 유지 학습자가 의사 결정할 수 있도록 권한을 강화하는 촉진 질문	수행 과제의 조건 통제 학습 피드백을 위한 개방형 질문
공통점		학습자 중심 교수 전략(Student Centered Instructional Strategies) 학습자 능동적 학습(Active Learning) 탐구중심 학습(Inquiry Based Learning) 협력/팀 기반 학습(Collaborative/Team Learning) 상황적 인지에 의한 학습(Situated Learning)	

이렇게 표로 정리해도 상대적인 구분이라 이 두 PBL을 간단히 구분하기 어렵습니다. 이 중에서 가장 큰 차이는 학습자가 다룰 문제의 성격입니다. 주어진 문제를 해결할 것인지, 문제를 스스로 찾아서 해결 방법을 고민하

고 결과를 낼 것인지에 따라 구분됩니다. 문제 기반 학습은 교수자가 제시한 문제를 다양한 방식으로 해결해 나가는 것이고, 프로젝트 학습은 학습자가 문제를 찾는 것부터 시작합니다.

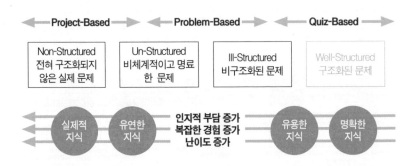

예를 들어 '자신의 고향 명소 한 곳을 선정하고 당일 관광지로서 포스터를 작성하는 과제'를 부여받은 학습자라면 고향이 아닌 곳을 선정하거나 여러 명소를 선정하는 행위를 할 수 없습니다. 또한 포스터가 아닌 다른 홍보물은 사용할 수 없겠지요. 이 수업의 학습 목표는 '자신의 고향에 대해서 알고 다른 사람에게 표현할 수 있다.'에 가까울 것입니다. 이는 체계 구조가 설계되어 있는 문제 기반 학습Problem Based Learning에 적합한 과제입니다.

반면 프로젝트 학습은 비교적 구조화되지 않은 과제를 제공합니다. '부산의 낙후된 관광지 활성화'처럼 학습자가 의사 결정을 통해 방향을 설정해야 하는 과제들이 주어집니다. 교수자는 큰 방향을 제공할 뿐 다른 조건에 대한 개입은 최소화해서 학습자의 결정권을 보장하고 다양한 결정을 탐색하도록 촉진합니다. 이제 두 가지 PBL이 구분이 되셨나요?

프로젝트 수업
제대로 하기

비대면에서도 학습은 변하지 않습니다

비대면 환경에 대해 이야기하기 전에 먼저 중요한 질문을 하나 드리겠습니다. 학습學習이 무엇이라고 생각하시나요? 이런 질문을 던지면 대부분 '배우고 익히는 것'이라는 한자 풀이를 이야기할 것입니다. 이렇게 넘어가기에는 아쉬움이 있습니다. 학습은 교수법과도 관련이 있는데, 교수법은 학습자의 지식뿐만 아니라 학습의 태도까지도 영향을 미치기 때문입니다. 그렇기에 학습이 뭔지 생각해 보는 것은 우리가 학습자에게 어떤 교수법을 사용하고 어떻게 반응할지를 결정하는 매우 중요한 질문입니다. 교수자가 학습에 대해 어떻게 인식하는지가 수업의 모습을 결정하게 됩니다.

다시 말해서 학습을 '내가 가르쳐 줘야 학생이 알지.'라고 생각하면, 열심히 나의 지식을 설파하게 되는 것이고 '학생이 더 잘 할 수 있도록 이끌어 내야지.'라고 판단하면 질문하고 기다리게 될 것입니다. 조금 더 구체적으로 기억을 거슬러 올라가볼까요? 아마도 교육 공학이나 강사 양성 과정에서 배웠던 행동주의, 인지주의, 구성주의라는 용어 즈음에서 멈추게 되실 것입니다. 여러분의 수업은 어떤 학습 패러다임에 가까운지 한번 살펴보시지요.

	행동주의 (행동 과학)	인지주의 (전통적 인지 과학)	구성주의 (구성적 인지 과학)
학습 방법	자극과 반응 연결과 강화	정보의 입수, 조직 저장 및 인출	개인 경험에 근거한 의미 창조
학습 목적	행동의 변화	생각의 변화	개인적 의미 창출
초점	교수(Teaching)	교수-학습	학습(Learning)
효과적 학습	사실의 기억 개념의 획득 및 일반화	문제 해결, 정보 처리, 추론	복잡하고 비구조화된 학습 과제 및 문제 영역
학습자	수동적 인간	(정보를 처리하는) 적극적 인간	(주관적 내부 세계를 구성하는) 적극적 인간
교수 설계의 주안점	시범/따라하기 관찰/측정 가능한 언어로 평가/진단 상/벌과 같은 강화 즉각적 피드백	정보처리를 위한 구조화, 계열화 학습자의 적극적 참여 (통제, 메타인지)	학습 상황과 적용 상황의 분석 다양한 관점의 제시 상황적 맥락과 실제 과제 제공

어떠신가요? 어떤 입장에서 교수 활동을 만들어가고 계신가요? 물론 3가지 패러다임 중 어떤 것이 무조건적으로 틀리거나 옳다고 이야기할 수는 없습니다. 학습해야 하는 대상이나 활동에 따라서 달라질 수 있죠. 그냥 유행처럼 바뀌는 트렌드가 아닌 학습을 발전시킨 관점의 역사입니다.

최근 새로운 프로젝트 방법으로 알려진 애자일 방식을 살펴보더라도 꼭 새로운 기법과 철학만 존재하는 것은 아닙니다. 애자일에서는 학습의 기본 정신으로 가라테의 슈하리Shu-Ha-Ri를 꼽습니다. 이는 매우 고전적인 학

학습자를 대하는 교수자

습의 구조입니다. 슈Shu는 규칙을 따르는 것Follow the Rule입니다. 처음에는 정해진 규칙을 따라 하는 것을 말합니다. 하Ha는 규칙을 쪼개거나 부숴보는 것Break the Rule입니다. 조금씩 변화를 가져오며 학습의 범위를 더듬어 보는 과정입니다. 리Ri는 자신만의 규칙을 만드는 것Make the Rule입니다. 이제 학습한 내용은 자신의 것이 되었습니다. 세 가지 단계를 통해 우리가 바라봐야 할 것은 그 어떤 학습이라도 학습하는데 아무 정보도 제공하지 않는 것은 방치에 가까운 것이고, 반대로 통념만을 강조해서는 새로운 전략이나 행동은 태어나지 않을 것이라는 거죠. 학습자들에게는 고정되고 정해진 선언적 지식부터 경험으로만 얻을 수 있는 조건적 지식까지도 모두 필요합니다. 그렇기에 우리 교수자들은 단 한 가지의 교수법이 아닌 다양한 교수법을 알고 있어야 합니다. 상황에 맞춰 적합한 도구를 꺼내는 것은 당연한 것이기 때문입니다.

비대면 학습자의 다름을 이해해야 합니다

그렇다면 여러분이 만나는 학습자는 어떤 단계에 있는 학습자인가요? 저는 그 어떤 학습자를 만나더라도 지식의 정도와 관계 없이 학습이 가능하고 학습의 의지가 있는 존재라고 가정합니다. 학습자에게 지식은 찾아야 할 것이지 주입받아야 할 것이 아니라는 거죠. 그래서 같은 문제에 대해 서로가 달리 해석한 답을 수용하고 정답이 하나만 있지 않은 학습을 인정하는 것에 집중합니다. 진부한 표현이지만 미래 지식은 단순한 사실을 외우는 것이 아닙니다. 4차 산업혁명이 아니라 정보화시대부터 알고 있던 익숙한 명제입니다. 점점 단순히 정답만 알려주는 수업은 시대에도 맞지 않고 학습자를 낮춰서 보는 처사라고 생각합니다. 비대면 학습자를 이해하는 포인트는 바로 여기에 있습니다. 비대면 학습자를 어떤 방향에서 바라보고 어떻게 학습자에게 다가서야 할까요? 새로운 방법에 대한 고민은 학습자를 어떻게 바라보는지에서 시작됩니다.

국내 한 대학의 대면과 비대면 수업을 비교한 연구에서, 코로나19 직전의 2019년과 코로나 영향하에 있던 2020년의 수업 자체에 대한 평가는 큰 차이가 없었습니다. 의외의 결과이지요? 그러나 수업에 대한 평가는 큰 차이가 없었지만 학습 성과는 조금 다릅니다. 지식 전달과 같이 수업 내용과 관련된 것은 크게 달라지지 않아서 수업의 평가는 예전과 비슷할 수 있습니다. 오히려 비대면이 주는 편리함에 더 긍정적인 면도 있었을 것입니다. 하지만 학생의 자발적인 협동 학습 그리고 학습한 내용을 사회적 문제로 확장하는 활동은 크게 줄어들었습니다. 이것들이 대학이 상위 학습 기관으로서 갖는 의미 중 하나인데 말이죠. 이러한 활동 기반 학습의 감소가 학습 성과를 크게 하락하게 하는 주원인으로 지목 되었습니다. 이 연구 결과를 통해 학습자에게는 콘텐츠 자체의 학습보다 주변과의 상호 작용이 필요하다는 것을 알 수 있습니다. 그렇다면 비대면 환경의 학습자에게 우리는 무엇을 준비해 주어야 할까요?

이 질문에 답하려면 철저하게 비대면 환경의 학습자 입장에 서 보아야 합니다. 대면과 비대면 상황에서 학습자는 무엇을 느끼고 무엇을 느끼기 어려울까요? 그래서 학습은 어떻게 다르게 다가오는지 학습자의 입장에서 살펴보시죠.

	대면에서 학습자가 느끼게 되는 것들	비대면에서 학습자가 느끼게 되는 것들
교수자	학습 콘텐츠 교수자의 언어/행동/통제 교수자의 감정이 주는 맥락	학습 콘텐츠 교수자의 언어/행동
동료 학습자	타인의 반응을 통한 학습의 난이도, 사회적 감정	타인의 접속 화면을 통한 학습 태도, 통제에 대한 반응
학습 환경	공통된 장소, 분위기, 시설 공동된 학습 자료	서로 다른 장소, 분위기, 시설 개인적 학습 자료
달라지는 주요 학습 경험	교수자가 행하는 통제의 강도 동료 학습자로 인한 사회적 학습 학습 환경의 차이로 인한 서로 다른 학습 경험 공통된 학습 ↓ 개인적 학습 ↑	

정리하자면 비대면이 될수록 정보와 가까워지지만, 그만큼 사람과는 멀어진다는 것입니다. 또한 학습 결과에 대한 개별 학습자 간의 공통점은 점점 줄어듭니다. 교수자의 통제는 어려워지고, 주변 학생들과의 대화는 어려워집니다. 교수자를 통해 얻은 정보는 주변 학생들과의 대화를 통해 장기 기억화되었는데, 비대면 상황에서는 인터넷의 정보 검색이 그 역할을 대신합니다. 여기서 우리가 가질 수 있는 시사점은 간단합니다. 장점을 활용하고 단점을 줄이는 것. 정보의 접근 가능성과 개별 학습을 장려하는 교수법을 제공하는 것이 비대면 환경에 적합하겠죠? 학생들이 갖고 있는 서로 다른 경험과 지식을 당연하게 생각하고 학습의 다양성을 인정해야 합니다. 비대면 상황에서 경험과 지식을 서로 교환해서 학습을 강화할 수 있는 방법을 제공해 주어야 합니다. 비대면으로 우리가 잃어버린 것을 찾는 것에서 그치지 않고 더 많은 것을 얻도록 노력해야 합니다. 그렇다면 어떤 전략으로 패러다임이 바뀌어야 할까요?

New Normal을 위한 패러다임 변화

PARADIGM SHIFT 1 ▶ **학습 통제가 아니라 학습 안내를 해야 합니다.**

과거의 수업 현장에서 정보를 얻을 수 있는 가장 좋은 원천은 교수자였습니다. 정해진 장소와 시간에 갇혀 있는 학습 과정에서는 교수자를 통해 얻는 지식만이 온전한 가치가 있었습니다. 평가가 연결되어 있다면 더욱 그렇지요. 그렇기에 학습자는 교수자의 통제가 조금은 지나치더라도 따를 수밖에 없었습니다. 하지만 비대면에서 고정된 지식은 수업 중에도 검색을 통해서 더 빠르게 알 수 있습니다. 그렇기에 지식으로부터 오는 권위는 낮아지고 학습자를 통제해서 학습 효과를 발생시키는 전략은 어려울 수밖에 없습니다. 통제는 자원과 정보를 독점하고 있을 때만 가능한 전략입니다. 그렇지 않은 상황에서 통제를 하려는 것은 '권위 없는 자들의 권위주의'에 불과합니다. 비대면에서는 자연스럽게 학습을 안내하고 학습자들이 직접 학습하도록 돕는 것이 더욱 효과적인 전략입니다. 그들이 혼자 찾다 벽에 부딪혀 질문을 하는 순간이 권위를 되찾는 순간이자 학습이 일어나는 순간입니다.

PARADIGM SHIFT 2 ▶ **지식이 아니라 질문을 전달해야 합니다.**

고립된 환경은 자칫 내가 보는 것을 지나치게 확신하게 합니다. 게다가

요즘은 알고리즘으로 인해서 매체를 접할 때 자신에게 관련된 정보만을 계속 반복해서 제공받으니 이러한 확증 편향은 점점 심각해질 가능성이 높습니다. 이런 시대의 학습자에게 제공된 정보가 틀렸다면 어떻게 해야 할까요? 교수자는 그가 어떤 정보를 가지고 있는지 하나하나 확인할 방법이 있을까요? 학습자가 자신의 정보를 검토해 보는 과정에서 지식을 단단하게 하기 위한 가장 좋은 방법은 학습 내용과 연결된 질문을 던지는 것입니다. "○○의 목적이 무엇인가요?", "다음 단계에는 무엇이 발생할까요?", "본인에게 어떤 의미인가요?" 라고 질문하거나 애매한 정보를 구체적으로 사례를 들게 하는 것만으로도 학습 지식은 구체화되고 장기 기억으로 남게 될 확률이 높아집니다.

PARADIGM SHIFT 3 **지식 전달보다 상호학습이 되게 해야 합니다.**

많은 학습자가 모여 있는 강의장에서는 주변의 친구들이 고개를 끄덕이거나 웃기만 해도 '나만 못 알아들었구나.' 라는 것을 알 수 있었습니다. 반대로 내가 이해한 게 맞는지 바로바로 확인할 수 있었지요. 학습 활동은 시각-청각으로 이루어진다고 생각하기 쉽지만 강의장의 분위기를 인식하게 하는 우리의 오감이 모두 학습과 기억에 영향을 줍니다. 비대면 학습자는 홀로 독립된 환경에서 학습하기 때문에 각자 다른 환경에서는 같은 지식이 전달되더라도 같은 형태로 기억하기는 정말 어렵습니다. 그렇기에 비대면 환경의 학습자에게 교수자의 의도를 정확히 전달하려면 더욱 많은 단서를 학습과 함께 제공해 주어야 합니다. 가장 확실한 방법은 토론을 통해 앎을 견주어 보는 것이지만 비대면 환경에서는 쉽지 않습니다. 교수자가 설계해 놓지 않은 상황에서 자발적으로 무의식적인 사회적 학습은 불가능합니다. 수업을 따라가다 하나만 놓쳐도 포기하게 되고, 잘못된 정보를 갖게 될 확률은 더 높습니다. 비대면 학습에서 교수자의 학습 설계가 더 정교해져야 합니다. 상호 학습이 살아나도록 설계하는 것, 이것은 학습자가 자연스레 느끼던 것을 자연스러운 곳에 되돌려 놓는 비대면의 새로운 기본기입니다.

PARADIGM SHIFT 4 ▶ **전문 용어, 줄임말보다 행동 언어로 전달해야 합니다.**

대면의 수업 현장에서는 교수자가 가리키는 손끝이 어디에 향하는지, 그 이야기에 흥분이 묻어 있는지 탄식이 섞여있는지에 따라서 애매한 표현도 학습자들은 찰떡같이 알아들어 주었습니다. 생각해 보니 지금까지의 대면 수업의 학습자들에게 감사해야겠네요. 그동안 대면 수업에서 아무렇지도 않게 사용했던 과도한 전문 용어, 이것, 저것, 여기, 저기 그리고 거시기처럼 명확하지 않은 언어들은 온라인에서는 수업을 따라가기 어렵게 합니다. 자칫하다가는 수업에 대한 감성적 실재감이? 매우 부정적으로 형성될지도 모릅니다. 맥락을 느끼기 어려운 비대면 학습자들에게 혼란만 줄뿐입니다. 명확한 단어나 사례를 들어주는 것이 필요합니다. 학습자 입장에서 경험하는 듯한 언어 또는 원인과 결과가 확실한 언어로 설명해주는 것이 필요합니다. 간단하지만 명확하게 설명을 해 줄 때 교수자의 학습 목표가 정확히 전달될 것입니다.

비대면 학습은 안 좋은 것이 아니라 다른 것입니다

많은 사람들이 코로나로 인해 비대면 학습을 하면 학습 효과가 떨어질 것이라고 확신했습니다. 이것은 과연 진실일까요? 우리는 왜 이런 생각에 확신을 가졌는지 조심스레 살펴볼 필요가 있습니다. 수업의 내용 즉 지식 자체는 큰 변화가 없을 텐데 말이죠. 또한 정보를 전달하려면 스마트 기기를 활용하는 것이 학습 효율이 훨씬 높을 텐데요. 우리는 이미 알고 있습니다. 비대면 그 자체가 문제가 아닙니다. 비대면 환경에 맞추어서 교수자가 변하지 않으면 수업이 변하지 않는다는 것을, 그리고 지식만이 학습을 구성하는 것이 아님을요. 가장 확실한 것은 우리가 조금만 변화하면 비대면이 더 좋은 수업이 될 수 있다는 점입니다. 근거 없는 단순한 주장이 아닙니다. 코로나19 이전에도 대면과 비대면에 관련한 연구는 수도 없이 진행되었고 실제 효과적으로 설계된 온라인 수업은 대면 수업보다 높은 학습 성과를 이끌어 낸다는 연구 결과는 많습니다.

단, 비대면 환경을 이해하고 상호 작용이 살아 있는 수업을 설계하고 진행해야만 가능할 것입니다. 살아 있는 수업을 다시 설계해야 한다는 것 자체가 넘어서야 할 과제입니다. 그리고 앞으로 이런 과제는 계속 등장할 것입니다. 그 어떤 에듀테크가 활용된다고 하여도 사람 간의 상호 작용에 대한 갈증은 계속될 것이고요. 앞서 말했듯이 미래 지식은 단순한 사실을 외우는 것이 아니기 때문에 단순히 정답만 알려주는 프로그램은 도태될 것입니다. AI를 활용한 프로그램이 문제를 풀이해주고 정답을 찾아가도록 돕는 정도에서 그치지는 않을 것입니다. 다른 학습자들과의 비교하거나, 다른 풀이 방법을 가진 사람들을 보여주는 것까지 발전할 것이고 다시 사람을 연결해주게 될 것입니다. 기억하세요. 코로나, 비대면, 온라인 어떤 교육 환경이 오더라도 교수자의 역할만 조금 바꾸면 앞으로도 좋은 학습은 함께 할 것입니다. 학습자가 직접 경험하면서 학습하도록 상호 작용을 설계한다면 말이죠.

단점을 장점으로 만드는
비대면 프로젝트 수업

다산 정약용 선생은 자신의 단점에 괴로워하는 제자 황상에게 '단점 많은' 자만이 가질 수 있는 '장점'에 대한 가르침을 주었습니다. 너무 둔하고 분별력이 없다며 자책하는 제자에게 "한 번 보고 척척 외우는 사람은 음미하지 않아 금세 잊어버리고, 한 마디만 해도 알아듣는 사람은 곱씹지 않는다."고 했습니다. 비대면 수업 역시 우리가 알고 있는 단점들을 장점으로 바꿀 수 있습니다. 게다가 잘 살펴보니 비대면 수업 환경의 단점은 프로젝트 수업이 갖춰야 할 장점들과 참 많이 닮아 있습니다. 이것을 요즘 아이들은 케미라고 부르더군요. 서로 만나서 조합되었을 때 더욱 좋은 모습이 되는 비대면 환경과 프로젝트 수업 한번 연결해 보시죠.

좋은 프로젝트 수업을 비대면에서 하는 것은 특별한 것이 아닙니다. 우리의 모든 수업 현장은 학습자가 배우고, 기억하고, 실제로 사용해 보면서 역량이 강화되기를 기대하고 있으며, 학습자들이 주인공이 되고 그들에게 필요한 학습을 만드는 과정입니다. 비대면에서도 마찬가지입니다. 이것을 반대하시지는 않겠지요? 만약 비대면 환경의 단점을 장점으로 돌리고 싶다면 프로젝트 수업의 7요소를 하나씩 하나씩 실현시키는 것만으로도 충분히 좋은 비대면 수업이 될 것입니다.

비대면 수업의 단점	좋은 프로젝트 수업 7요소	극복된 수업의 모습
고립된 환경에서는 학습 내용을 확신하거나 의미 부여하기 어렵다.	도전적 문제와 질문 (Challenging Problem or Question)	단순 기억 학습이 아닌 지식과 관련된 문제를 마주하고 파고들게 한다.
시각/청각 요소만으로는 집중력의 유지가 어렵다	과제의 지속적인 탐구 (Sustained Inquiry)	학습자가 대면해야 하는 연속적인 학습 요소가 지속적으로 등장한다.
배우는 것 이상의 학습에 대한 동기 부여를 제공하기 어렵다.	학습의 실제성 (Authenticity)	앞으로 자신이 해내야 하는 진짜 자신의 문제이므로 학습 주도권을 갖게 된다.
학습자의 반응을 살피기도 이끌어 내기도 어렵다.	학생의 의사와 선택권 (Student Voice & Choice)	학습자가 직접 문제를 선택하고 판단하는 과정에서 수동적 반응이 능동적 반응으로 전환된다.
비대면으로 전달받은 제한된 정보 속에서 맥락없는 성찰 또는 암기가 이루어진다.	성찰 (Reflection)	지식이 주는 범주를 넘어 프로젝트 변수에 따른 다양한 활용도를 사고하게 된다.
접속 환경이 분리되어 사회적 활동을 통한 학습이 어렵다.	비평과 재구성 (Critique & Revision)	프로젝트 진행 상황을 수시로 전달받고 주체가 되도록 도움으로써 학습 전이를 일으킨다.
고정된 지식 그리고 이를 통한 평가는 쉽게 잊혀질 수밖에 없다.	공개 가능한 결과물 (Public Product)	책 속의 지식이 아닌 현실 속의 대안으로서 지식을 재발현하게 한다.

새로운 도구,
새로운 노하우

"학습자가 모여야 뭘 하지." 코로나 이후 교수자로부터 가장 많이 듣는 말입니다. 과연 비대면 환경 탓에 프로젝트 수업을 못하는 것일까요? 대면에서도 수업 진도, 학습 성과 등을 이유로 프로젝트 수업을 선택하거나 진행하지 못한 경우가 더 많습니다. 대면 수업에서도 학습자 중심의 프로젝트 수업은 어렵고 번거롭고 불확실해 보였던 것이 사실입니다. 학생에게 주도권을 주는 것부터 과제 선정, 수행의 평가까지 어느 하나 정답이 없는 그야말로 어려운 교수 방법입니다. 게다가 제대로 구성하지 않으면 학습자들의 원성을 사기 딱 좋습니다. 이렇듯 프로젝트 수업은 대면에서도 어려웠습니다. 코로나19가 없던 우리의 옛날 수업은 완벽했다며 더 이상 과거를 미화하지 말고 함께 현실을 직시해봅시다. 오히려 비대면의 환경이 프로젝트 수업을 하는 데 더 적합하다고 하면 어떠한가요? 본 챕터에서는 비대면 협업도구 3종을 비교하고, 그 중에서 알로ALLO를 활용해서 온택트 프로젝트 수업을 구성했을 때의 장점들을 소개하려 합니다.

다양한 온라인 협업 도구들

온라인 협업 도구는 2012년 기준 616개 이상으로 집계되며, 그 외에도 수많은 도구들이 존재합니다. 도구를 만든 개발자의 의도에 따라서 문서 작업의 협업Co-work, 프로젝트의 관리Project Management, 사회적 상호 작용Social Interaction, 데이터 스프레드시트Data Spreadsheets 공유, 설계 및 디자인Design등 여러 가지를 목적으로 하고 있습니다. 수많은 도구들 중에서 나에게 맞는 도구를 찾는 것이 중요합니다.

대부분의 협업 도구의 기능은 매우 유사해서 우리의 선택을 더 어렵게 합니다. 포스트잇을 붙이고 의견을 모으는 화이트보드 기능, 파일 및 이미지 업로드 공유 기능 등 기본적인 기능들은 유사합니다. 게다가 교육만을 목적으로 개발된 것이 아니라 협업을 근간으로 하기 때문에 완벽한 도구를 찾기는 어렵습니다. 하지만 누가, 어떤 목적으로 만들었느냐를 이해하면 어떤 도구가 나의 수업에 효과적인지 파악할 수 있습니다.

프로젝트 수업에서는 여러 팀을 프로세스별로 관리해야 하기 때문에 알로ALLO를 추천드립니다. 이 책의 3, 4챕터에서 사용 설명 및 프로젝트 수업 템플릿을 제공해 드리겠습니다. 하지만 알로가 적합한 이유가 무엇인지, 다른 도구와는 어떤 차이가 있는지 알아둘 필요가 있습니다.

비대면 협업도구 3종 비교

1) 알로ALLO

알로의 가장 큰 특징은 한글로 서비스가 구성되어 있다는 점입니다. 학습자들이 도구를 적용하는 시간이 수업 구성에 큰 걸림돌임을 감안한다면 다른 도구들에 비해 큰 장점입니다. 게다가 파워포인트와 유사한 인터페이스 역시 학습자들이 편안하게 접근하도록 도와줍니다. 또한 장기간 함께 진행되거나 팀 별로 자료를 나눠서 제공해야 하는 경우 프로젝트로 묶어서 공유가 가능하다는 점이 팀 운영을 편리하게 합니다.

• **수업 추천** 여러 차수의 장기 수업, 팀 협업으로 이루어지는 PBL

2) 뮤랄Mural

개발 초기 세계적 디자인 회사 '아이데오'와 함께 서비스를 가다듬으며 유명해졌으며 세계적으로 가장 널리 쓰이는 도구입니다. 뮤랄은 이미지 중심의 협업 유틸리티로 개발되었으나 프레임워크를 활용하여 문제를 해결하는 것에 적용해서 변화한 흔적들이 남아 있습니다. 가장 큰 차이는 페이지 단위가 아닌 거대한 화이트보드의 형태로 되어 있다는 것입니다. 이

것은 프로그래밍이나 개발팀에서 흔히 볼 수 있는 형태를 온라인으로 개발한 것입니다. 즉 하나의 종이에 많은 자료나 순서가 기록될 필요가 있는 프로젝트에 특화되어 있습니다. 그래서 온라인 화이트보드에는 잘 포함되지 않는 퍼실리테이션 도구들이 함께 들어가 있습니다. 게다가 다른 도구들과 비교할 수 없을 만큼 수많은 협업 템플릿을 제공한다는 것도 장점입니다. 하지만 영문 인터페이스이고 한글PDF 다운로드가 완전하지 않다는 단점이 있습니다.

• **수업 추천** 한 가지 테마의 교육 과정, 이미지 중심의 수업, 설계/개발 프로젝트 수업

3) 패들렛Padlet

세 가지 도구 중에 학습자들이 가장 편하게 적응하는 도구입니다. 사진 및 영상 촬영 등 업로드가 어플처럼 나열식으로 보여 익숙합니다. 담벼락에 많은 사람들이 동시에 들어와 메모지를 붙이는 컨셉으로 개발되었으며 댓글, 하트 등 직관적으로 인식할 수 있는 인터페이스의 적용이 가능합니다. 하지만 기능이 명확하고 구조화되어 있는 만큼 교수자가 원하는 인터페이스를 만들기에는 한계가 있습니다. '간단한 팀 빌딩/학습 성찰/결과 정리' 정도의 단계에서 일반적으로 쓰이며 다른 분석 도구를 통해 상호 작용을 일으키기는 부족한 면이 있습니다.

• **수업 추천** 온택트 수업이 처음이거나 교육에 한 개의 프레임을 활용하는 참여식 수업

구분	알로(ALLO)	뮤랄(Mural)	패들렛(Padlet)
기본 개념	온라인 캔버스	온라인 화이트보드	온라인 담벼락
	비주얼 협업 도구	비주얼 협업 도구	다수 사용자 소통 도구
주요 공통점	다수의 인원이 동시 접속 가능 / 템플릿 지원 및 복제 가능 파일 및 이미지 업로드 가능 / 클라우드 기반 : 자동 저장됨 인터넷 익스플로러 사용 불가(구글 크롬, 마이크로엣지, 네이버 웨일 이상 사용)		
유사 오프라인 활동	파워포인트 협업	애자일 프로젝트 활동	사내 공유 게시판
웹사이트	Allo.com	Mural.co	Padlet.com
언어 지원	한국어 기반	영어	한국어 지원
영상 회의	O	O	X
작업 권한	개인별 지정 가능	개인별 지정 가능	개인별 조정 불가
PDF 다운로드	지원	지원(한국어 이미지 깨짐)	지원(이미지 형식)
본사/ 고객 센터	오시리스 시스템즈 한국	MURAL 미국 애틀랜타	Padlet 미국 샌프란시스코
무료 이용	13개 캔버스/ 40페이지 1,000개 오브젝트 읽기 전용 게스트 권한 저장 용량 10GB 화상 회의 8시간	14일 무료 트라이얼	패들렛 3개까지 무료
유료 이용	Team 9$/월 무제한 캔버스/페이지/ 오브젝트 무제한 게스트, 화상통화 '편집 권한 접근' '캔버스 암호 설정'	Starter 12$/월 단일 페이지를 공유하는 개인 프로젝터에게 적합한 무제한 방문자 요금제 PLUS 20$/월 팀/그룹에서 여러 페이지 공유에 적합한 요금제 스타터 요금제에 그룹을 대상으로 한 기능 추가	단일 요금제 무제한 기능/패들렛 월 10,000 원 연간 96,000원
	가격정책은 변경 될 수 있으니 이용 전 홈페이지 확인 부탁드립니다.		

알로ALLO와 함께하는 프로젝트 수업의 혁신 요소

1) 프로젝트 진행 상황의 비접촉 관제Untact-Observing

과거 프로젝트 수업에서 학습자들이 잘 하고 있는지 확인하는 방법은 참가자들에게 중간 보고서를 내게 하거나 또는 프레젠테이션을 하게 하는 방법밖에 없었습니다. 또한 강의장 내에서 하나의 학습 팀의 프로젝트를 살피고 촉진하다 보면 상대적으로 다른 팀의 진행 상황이나 학습 내용을 살피기 어려웠습니다. 하지만 비대면 환경에서 알로를 활용하면 수업 시간에 각각의 학습자들이 어떤 활동을 하고 있는지 동시 관제가 가능합니다. 심지어 수업 외의 시간에도 학습자들은 팀 프로젝트를 진행할 수 있으며 교수자 역시 알로에 기록된 내용을 보며 팀의 활성화를 체크할 수 있습니다. 잘 하는 팀은 칭찬하고 조금 부족한 팀은 촉진하기가 쉽습니다.

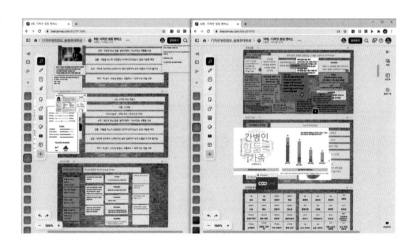

2) 프로젝트 내용에 대한 비대면 촉진Untact-Comment이 가능하다.

　프로젝트 수업을 수행하는 학습자 입장에서 교수자의 과도한 개입이나 코멘트는 달갑지 않습니다. 오히려 수행하기 싫게 만들거나 교수자의 마음에 드는 답을 만들어가는 과정으로 변질되게 합니다. 이러한 현상은 비선형 교수 방법에서 종종 범해지는 것으로, 촉진의 요소를 잘못 사용한 예시입니다. 하지만 비대면 협업 프로그램 알로에서는 학습자들의 과정에 코멘트를 정확히 필요한 지점에 남길 수 있습니다. 코멘트를 남기고 싶은 도형에 마우스 우클릭을 한 뒤 코멘트 작성에 남기게 되면 학습자들에게

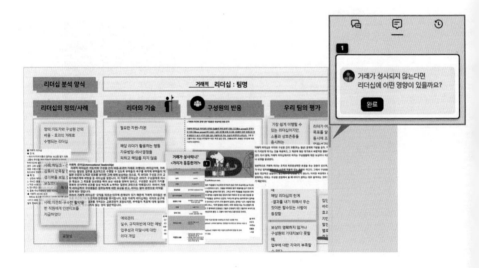

표시가 뜨게 되고 정확한 정보는 우측에서 활용할 수 있습니다. 수업시간 뿐만 아니라 추후에도 대화가 가능한 진짜 비대면 촉진 도구라고 볼 수 있습니다.

대면 촉진과 비대면 촉진은 크게 다릅니다. 대면에서의 피드백은 자칫 '너희 팀은 뭔가 틀렸어.' 라는 잘못된 언어나 감정이 전달될 수 있지만, 텍스트를 통한 피드백은 좀 더 객관적인 전달이 가능합니다. 때문에 촉진 오류를 범할 확률을 낮춰주게 됩니다. 교수자 입장에서는 질문이 기록으로 남게 되니 과도한 개입인지 3자의 입장에서 바라볼 수 있는 기회가 되기도 합니다. 아무래도 조금 더 신중하고 정확한 촉진을 신경 쓰게 됩니다. 코멘트 기능은 챕터 3에서 좀더 자세히 설명드리겠습니다.

UNTACT KNOWHOW 2

학습자가 고민할 수 있도록 질문을 텍스트로 남겨주세요.
음성으로 피드백하는 순간 팀은 멈추고 내용의 대부분은 휘발됩니다.

---

3) 프로젝트 자료의 실시간 기록화 Ontime-Documenting

프로젝트 수업은 대부분 장기간에 걸쳐서 진행되므로 많은 자료들이 오고 가게 됩니다. 하지만 학습자 모두가 그 모든 자료를 갖기 어려우니 복사본을 갖게 되어 버전 관리의 오류를 겪는 경우가 허다합니다. 각자 맡은 부분만을 파편처럼 갖게 되어 커뮤니케이션 시간은 길어지고 학습자들이 지칠 수밖에 없습니다. 하지만 하나의 캔버스에 모든 자료를 놓고 대화를 하고 실시간으로 기록이 되는 순간 서로 다른 버전으로 인한 오류는 감소합니다. 결국 커뮤니케이션의 효율은 증가하고 프로젝트의 목적에 더욱 힘을 기울일 수 있습니다.

또 하나, 프로젝트의 과정이 정확하게 기록되지 않을 경우에는 결과물만 잘 나오면 된다고 여기고 과정을 생략하고 답만 찾는 일이 벌어집니다. 흔히 족보라고 부르는 과거의 정답들이 소환되는 안타까운 역사도 이 때문이지요. 이 역시도 학습 과정이 자동 기록되니 충분히 예방될 수 있습니다. 물론, 프로젝트 수업을 하려는 교수자의 마음은 컨닝 예방 목적보다는 과정에서 배울 수 있도록 천천히 쌓아가게 하려는 것이겠지요. 이렇게 과정이 기록으로 남을 때 비로소 결과보다 과정이 중요하다는 말을 할 수 있고, 과정에 대한 평가도 가능해지게 됩니다.

UNTACT KNOWHOW 3

대면에서는 제공하는 이젤패드나 프레임워크는 학습자가 마음대로 사용하기 어려웠습니다. 필요하면 마음껏 페이지를 사용할 수 있도록 비어 있는 페이지를 만들어 주세요.

4) 시간과 공간의 제약이 없는Boundless 환경

지금까지의 혁신 요소는 비대면의 단점을 장점으로 만드는 과정이었다면 지금부터는 정반대입니다. 온라인의 장점이 극대화됩니다. 언제 어디서든 모일 수 있고, 모든 것을 실시간 기록으로 남길 수 있는 기능을 온라인 프로젝트 수업에 활용할 수 있습니다. 교수자는 정해진 시간에 약속하고 안내한다 하더라도 학습자들끼리는 자유롭게 날아다닐 수 있도록 할 수 있습니다. 학습자들은 팀끼리 모여서 학습하는 순간마저도 온택트로 자유로워집니다.

알로는 협업 도구로서 온라인에서 같은 작업을 하는 것뿐만 아니라 동시에 화상 통화 기능도 제공합니다. 줌이나 웹엑스와 같은 도구를 활용해도 되겠지만 다른 도구 없이 알로 하나만으로도 이 기능들을 다 사용할 수 있어서 편리합니다. 하나의 도구에서 간편히 사용할 수 있다는 점이 큰 차별점입니다. 약속을 잡고 누군가 추가로 유료 결제를 해야 하는 불편함에서 벗어나 학습자들이 원하는 언제든 제약없이 모여 작업하는 순간 비대면 환경은 학습자들에게 제약이 아닌 자원이 되어 줄 것입니다.

5) 자기주도적 정보 습득Self-directed의 환경

아무리 미팅 룸에 모여서 와이파이에 노트북을 연결하고 정보를 검색한다고 해도 함께 대화하며 어떤 자료가 적합한지 조각을 맞추는 과정은 쉽지 않습니다. 학습자들은 공동의 프로젝터에 컴퓨터를 연결하거나 파일을 교환하는 등의 부가적 작업이 필요합니다. 장소를 섭외하고 장비를 준비하는 이러한 부가적인 작업들이 학습자들이 팀프로젝트를 어렵게 생각하는 작지만 큰 이유입니다. 학습팀이 자유롭게 자료를 주고 받지 못하다가 결국 지치면 자료를 찾기보다 기존 자료와 정보를 택하고 논리를 병합시키게 됩니다.

알로에서는 간편하게 모두가 가진 자신의 환경에서 모두가 같은 자료를 보며 대화가 가능합니다. 또한 접속 상태에서 현재 있는 대화를 얼마든지 검색할 수 있습니다. 흔히 말하는 팩트체크 역시 실시간으로 가능하니 속도도 정확도도 올라갈 수 있습니다. 대면 수업처럼 교수자의 자료에만 의존하지 않고 학습자가 더 넓은 범위의 자료에 얼마든지 접근할 수 있습니다.

교수자가 학습자들이 직접 조사하고 학습하는 활동을 두 팔 벌려 환영해주기만 한다면 이는 주도적 프로젝트 학습을 이끄는 최고의 환경이 되어 줄 것입니다.

온전히 홀로 서도록 해야 프로젝트의 수업이 됩니다

프로젝트 수업이 탄생한 배경을 돌아보면 교사 주도의 지식 전달에 중점을 둔 교육을 비판하며 진보한 열린 교육의 일환으로 시작된 것입니다. 전통적인 수업처럼 교수자가 정해 놓은 목표를 뒤따라가는 과정이 아니라 학습자가 자신에게 의미 있는 목적을 설정하고 달려가도록 하는 '목적이 있는 활동'입니다.

미래 교육과 4차 산업혁명을 준비하는 시대에 전통적 수업 방법만이 답이라고 말씀하시는 분은 없을 것입니다. 그래서 교수자의 역할은 점점 바뀌어 갑니다. 교수자는 지식보다는 촉진을, 정답보다는 경험을 주는 것에 집중하게 됩니다. 만약 수업 환경이 우리의 미래 교육에 방해가 된다면 더 좋은 마당을 꾸려줄 수 있어야 합니다. 알로는 학습자들에게 하얀 도화지로서 충분한 마당이 될 수 있습니다.

무엇보다 강조하고 싶은 점은 프로젝트 수업의 첫 발자국이야말로 학습자가 직접 내딛어야 동기가 형성된다는 점입니다. 직접 주인공이 되어 자신의 학습을 만들어 갈 수 있게 되면 흔히 말하는 실패도 학습이 되는 순간이 오는 것입니다. 정답이 정해진 프레임 그리고 조언을 가장한 지적, 평가는 학습자를 숨쉬게 하기보다 조이게 합니다. 익숙한 수업 습관 대신 알로를 활용해서 그들이 직접 눈덩이를 굴릴 수 있어야 프로젝트 수업의 가치는 점점 커집니다. 학습자에게 알로 그리고 간결한 프로젝트 과제 제시해주면 학습자가 달라진 모습을 볼 수 있을 것입니다.

온택트 프로젝트 수업은 이렇게

- ☑ 온택트 수업은 여행을 떠나듯
- ☑ 온택트 교수자, 러닝 퍼실리테이터가 되라
- ☑ 온택트 교수자, 질문을 디자인하라
- ☑ 온택트 학습자를 주인공으로 만들어라
- ☑ 온택트 학습, 팀이 결정하도록 하라
- ☑ 온택트 과제는 꼭 리얼 이슈Real Issue로 하라.
  - PLUS PAGE 프로젝트는 구덩이의 연속Learning Pit
- ☑ 프로젝트 수업에 딱!! 3가지 문제 해결 프로세스

무엇을 가르치느냐 보다 어떻게 가르치느냐가 중요하다.
What matters is how things are taught,
rather than what is taught.

딜런 윌리엄

온택트 수업은
여행을 떠나듯

오래된 소설이자 애니메이션인 '빨간머리 앤'을 아시나요? 요즘 드라마로도 나왔더라고요. 고아 소녀 앤의 성장 소설이라고 할 수 있습니다. 앤은 샬럿타운이라는 소도시에 머물다 여행을 마치고 자기가 자란 초록지붕 집Green Gables으로 돌아가게 됩니다. 가는 날 아침, 절친 다이애너의 할머니이자 앤의 지원자인 조세핀 할머니로부터 도시에서 생활하는 것이 어떻겠느냐는 제안을 받습니다. 그러자 이렇게 대답하죠.

"이 곳에서의 생활은 정말 즐거웠어요.

제 생애 가장 큰 사건이었던 것 같아요.

하지만 가장 좋은 건 역시 집으로 돌아가는 일이에요."

앤은 긴 여행을 통해서 많은 경험을 하고, 여행의 경험을 소중하게 간직한 채 돌아와 더 성장한 모습을 보여줍니다. 인종 차별부터 결혼과 사랑, 친구 그리고 놀랍게도 변화와 혁신까지 다양한 관점을 경험하고 초록지붕 집으로 돌아옵니다. 돌아온 곳은 사실 집이 아니라 자기 자신이죠. 앤은 경험들을 켜켜이 쌓아 한층 성숙해진 모습이 됩니다. 온택트 프로젝트 수업은 이런 앤의 여행과 참 많이 닮았습니다. 앤은 샬럿타운으로 여행 갔지만 학습자들은 진짜 세상 속 문제로 여행을 떠납니다. 앤은 다이애나와 함께였지만 학습자들은 팀원들과 함께 합니다. 그리고 경험을 쌓아서 책과 레포트 안에 담아 두는 것이 아니라 자기 자신의 경험을 세상의 가치로 만들어 갑니다. 수업보다는 여행과 닮아 있다는 말이 실감이 나실까요? 교수자는 학습자를 위한 여행을 설계하는 사람입니다. 프로젝트 수업이 좋은 여행이 되는 이유를 '빨간머리 앤'과 함께 살펴보시죠.

발견이 담보된 여행 ① 길을 잃으면 더 많은 것을 보게 된다.

프로젝트 수업에서 학습자들이 가장 많이 마주하는 것은 의사 결정의 순간입니다. 교수자가 제시한 범주 내에서 어떤 문제를 해결하는 것이 필요한지 찾아내며 시작됩니다. 해결할 과제를 선정하고 나면 이제 문제가 해결될 때까지 계속된 결정이 이어집니다. 어떤 상황인지, 어떤 사람을 만나야 제대로 된 실마리를 잡아낼 수 있을지 나중에는 우리의 해결안이 맞는지 검증하려면 지금까지의 결정을 다시 돌아보게 되고 같은 결정을 할 것인지까지 반복하게 됩니다. 프로젝트 수업에서 학습이 어디서 이루어지냐 묻는다면 "이 모든 결정의 갈림길에서 일어난다." 라고 말씀드리겠습니다.

우리가 갈림길 앞에 서면 어떤 생각이 드나요? 어느 쪽으로 가는 것이 맞을지, 잘못 들어서면 어떤 일들이 벌어질지 상상하고 대비하게 됩니다.

이 모든 경험에서 우리의 학습자는 모르는 사실은 외부로부터 발견하고, 아는 사실은 자신으로부터 발견하게 됩니다. 만약 잘못된 길에 들어서게 되면 더 좋습니다. 갈림길까지 돌아오는 내내 왜 잘못된 결정을 했는지까지 회상하게 될 테니까요. 여행 속에서 맘껏 길을 잃고 돌아올 수 있도록 준비해주어야 합니다. 혹여 너무 멀리 갈까봐 또는 미리 포기할까봐 걱정하실 필요는 없습니다. 학습자는 자기 자신이 설정한 한계까지 가기 전에는 포기하지 않습니다. 그곳에서 스스로 결정할 수 있도록 함께 계셔주시기만 하면 됩니다. 대신 명심하세요, 교수자가 결정해서는 안 됩니다. 학습자가 결정해야 여행은 추억이 됩니다. 아니면 불만으로만 남게 될 것입니다. 빨간머리 앤도 중요한 결정을 앞두고 이렇게 이야기했습니다. "저는 저를 선택했어요. 그럼 절대 실망하는 일도 없을 거에요."

성장이 담보된 여행 ② 우리는 경험한 만큼만 성장한다.

결론부터 말씀드리면 철학자 비트겐슈타인의 "언어의 세계는 세계의 한계다."The Limits of my language means the limits of my world로 정리해야 할 것 같습니다. 우리는 표현하거나 설명하지 못하는 세상을 만들어내지 못합니다. 그리고 표현하거나 설명하려면 알아야 할 것입니다. 그래서 우리는 학습이라는 과정을 겪게 됩니다. 그런데 어떤 것은 그냥 의미만 아는 정도만 배우고, 어떤 것은 의미도 알고 활용도 할 수 있을 만큼 배우게 됩니다. 대체 무엇으로 이런 깊이가 생길까요? 바로 경험입니다.

프로젝트 수업과 전달 기반의 수업과 가장 큰 차이가 바로 여기서 발생합니다. '사과'라는 지식을 '사과를 모르는 학습자'에게 어떻게 전달하게 될까요? "사과는 장미과 사과나무 속에 속하는 나무에서 나는 열매이며, 지름이 보통 5~10센티미터이다." 이 진술을 말로 설명하거나 교재에 싣는다면 어디까지 학습이 될까요? 지금 제가 기술한 만큼이 딱 한계일 것입니다. 더 이상 사과에 대해서 알 수는 없습니다. 그런데 사과를 직접 보고 사과나무의 그 성장 과정을 관찰해 보면 어떻게 될까요? 아니면 직접 키워보거나, 사과를 키운 사람들을 인터뷰한다면 어떻게 될까요? 이래도 정말 경험하지 않아도 안다고 말할 수 있을까요?

우리는 학습자가 사과에 대해 '알아야 하는 만큼' 멀리 여행을 떠나보내줄 필요가 있습니다. 자신이 생각하는 '알아야 하는 만큼' 씹고 뜯고 맛보고 즐기게 될 것입니다. 그리고 '알아야 하는 만큼'이 조금 부족하다면 그때 도와줘도 늦지 않습니다. 빨간머리 앤도 이렇게 학습했습니다. 처음에는 결혼의 아름다운 모습부터 보기 시작했지요. 하지만 자기가 알고 싶은 만큼 보고 물어보게 됩니다. 그리고 밤하늘을 보며 자기의 언어로 이야기할 수 있게 됩니다. "인생의 반려자, 결혼 말고 '사랑의 유대'라고 하는 거에요."

연속이 담보된 여행 ③ 여행의 끝은 여행하는 법을 배우는 것

교수자는 수업이라는 현장을 설계하는 사람입니다. 그런데 반면 학습자는 수업 속에서 학습을 하는 사람이지요. 그렇다면 어디까지가 학습의 범위일까요? 시험 범위라고 말씀하시지는 않겠지요? 학습자의 지식이 기말고사가 끝나고 시험장 문을 나서자마자 백지가 되어버리는 모습을 바라시는 교수자는 단 한분도 없을 거라고 생각합니다. 앤의 선생님 스테이시는 우리에게 이렇게 메시지를 던집니다. "우리 스스로 해보아야 할 중요한 질문은 아이들이 배우는가입니다."

빨간머리 앤 소설의 배경은 1900년대입니다. 증기기관차가 배경으로 등장하는 시기인지라, 우리에게 피부로 와닿지 않는 옛날 옛날 이야기입니다. 많은 사람들은 세상에 존재하는 증기, 전보, 전기 같은 것들을 가르쳐야 한다고 외칠 때 스테이시 선생님은 직접 전구를 사와서 불을 밝히는 것을 보여주고 전기에 대해서 직접 경험하도록 합니다. 그 과정에서 아이들은 새로운 것을 발견하는 호기심과 열정을 배웁니다. 더불어 마을 사람들에게 배움에 대해서 웅변하고 스테이시 선생님을 지지하는 목소리를 내기도 합니다. 평소 말이 없던 친구들도 경험과 발견의 흥분을 감추지 못합니다. 이게 우리가 바라는 학습의 모습이 아닌가요? 학습자가 배운 것은 전기가 아니었습니다. 학습을 하는 경험 그 자체인 것이지요. 프로젝트 수업은 스테이시 선생님의 모습을 닮아 있습니다.

프로젝트 수업은 학습자들에게 문제를 통해 학습을 하는 여행을 하게 하는 것입니다. 그 여행이 끝나면 학습자들은 다음 여행을 생각할 수밖에 없습니다. 수업은 끝났지만 자신의 진로, 전공 미래는 계속 이어지니까요. 다시 한 번 질문드리겠습니다. 우리의 수업에서 학습자의 학습 범위는 어디까지인가요? 가르치지 말고 프로젝트만 던져주세요. 학습자가 여행하는 모든 곳이 학습이 됩니다.

온택트 교수자,
러닝퍼실리테이터가 되라

요즘 대학의 수업 시간에 학생들이 이해가 안 되는 것이 있거나 모르는 개념이 있으면 어떻게 하는지 아세요? 손을 번쩍 들고 "선생님! 질문 있습니다!" 할 것이라고 생각하시나요? 아닙니다. 스마트폰으로 검색을 합니다. 예전에는 네이버 지식인으로 검색을 했는데, 요즘은 유튜브에서 검색합니다. 학습자가 알고자 하는 욕구만 있으면 다양한 채널을 통해 언제 어디서든 지식 습득은 가능한 시대입니다. 그렇다면 교수자는 어떤 역할을 해야 하나요?

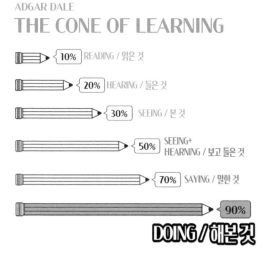

ADGAR DALE
THE CONE OF LEARNING

10% READING / 읽은 것
20% HEARING / 들은 것
30% SEEING / 본 것
50% SEEING+ HEARNING / 보고 들은 것
70% SAYING / 말한 것
90% DOING / 해본 것

위 모델은 모든 교수자들이 한번쯤은 보았을 에드가 데일E.Dale의 학습의 원뿔Cone of Learning입니다. 아마 익숙하실 것입니다. 학습에 참여하는 방식에 따라 24시간 후 평균 기억을 측정하였을 때 읽은 것은 10%, 들은 것은 20%, 본 것은 30%, 보고 들은 것은 50%, 말한 것은 70% 그리고 실제 해본 것은 90%가 기억에 남는다는 것을 보여주는 연구이지요.

우리는 비대면에서 어떤 전략을 택해야 할까요? 바로 러닝 퍼실리테이터Learning Facilitator에 답이 있습니다. 러닝 퍼실리테이터는 참여자들에게 강요하지 않으면서 효율적인 의사 소통을 촉진하여 학습 과정에 몰입하도록 하는 사람입니다. 시너지를 발휘하도록 돕고, 학습자들의 배움을 실천으로 옮길 수 있도록 돕습니다. 그래서 사람과 사람을 통해서 서로 학습하는 재미까지도 알려 줍니다. 러닝 퍼실리테이터는 데일Dale의 원뿔 모델에 근거하여 학습 효과를 높이기 위해서 능동적으로 학습에 참여하도록 이끌어 냅니다. 학습자 스스로 참여하고 자신이 말로 표현해 보게 합니다. 러닝 퍼실리테이터와 함께라면 학생들은 스스로 말을 하는 자신을 보면서 할 수 있는 것과 할 수 없는 것을 구분하고, 필요한 것과 필요하지 않은 것을 구분하면서 지각 능력을 높이게 됩니다. 학습자 스스로 말을 하면서 메타인지를 강화해 나가는 것이죠. 이제는 노잉Knowing보다는 두잉Doing하고 비잉Being해야 하는 시대입니다.

이처럼 교수자가 지식 전달자가 아닌 러닝 퍼실리테이터 역할을 해야 합니다. 이제 말로 가르치던 시대는 가고 침묵으로 가르치는 시대가 되었습니다.

비대면에서 교수자가 준비해야 할 것은 또 없나요?

비대면 상황에서는 러닝 퍼실리테이터 역할뿐 아니라 온라인 상황에 맞춰 몇 가지 신경 써야 할 것들이 더 생겼습니다. 우선, 온라인 환경을 구축하는 차원에서 온라인 수업이 가능한 기본적인 하드웨어나 소프트웨어 장비는 기본적으로 구비하고 있어야 합니다. 소통적인 측면에서 보면 온라인상에서는 학습자에게 명확한 단어를 사용해야 하고, 학습자들과의 원활한 상호 작용 촉진 노력도 기울여야 하지만 기본적인 도구가 없다면 모든 것이 무용지물입니다.

1) 강의실 환경, 아니 비대면 환경 재정비!

예전의 교실 수업을 그리워하는 교수자나 학습자가 많습니다. 요즘은 컴퓨터의 화면을 켜고 온라인 교실로 입장합니다. 교실 공간이 인터넷 안으로 들어온 거지요. 온라인 교실에서의 수업을 위해 강의실 환경을 재정비해야 합니다. 강의실이라는 말이 조금 어색한가요? 강의실이든 연구실이든 스튜디오든 학습자와 함께 하기 위한 디지털 환경을 마련해야 합니다. 당연한 이야기지만 이러한 준비의 기본은 주로 하드웨어입니다. PC, 웹캠, 마이크는 가장 기본적인 도구입니다. 물론 요즘은 전문 유튜버가 사용하는 고가의 마이크, 조명, 독서대, 보조모니터, 1인용 크로마키까지 갖추고 강의를 하는 교수자들도 종종 보입니다. 하지만 우리의 목적은 교수 활동을 원활히 하는 것이므로 각자의 교수 환경에 적합한 수준까지를 설계하시는 것이 좋을 것 같습니다.

2) 팀 테이블, 아니 온라인 소프트웨어 준비

비대면에서 함께 대화를 하려면 줌이나 웹엑스와 같은 실시간 화상 강의 도구도 필요합니다. 하지만 조금 더 효율적인 대화를 통해서는 마치 강의장에 붙어 있는 것 같은 이젤패드와 포스트잇처럼 협업을 위한 프로그램이 필요합니다. 기록도 할 수 있고 공유도 할 수 있는 화이트보드라면 더할 나위 없을 것입니다.

그렇다면 온라인 상황에서는 어떤 도구들이 활용될까요? 2020년 9월에 조사된 기사 〈언택트 디지털 학습도구 100선〉을 보면, 적어도 200여개 이상의 도구가 있다는 것을 알 수 있습니다. 온라인 프로젝트 수업을 위해서 활용되는 도구는 매우 많습니다. 알로, 뮤랄, 미로, 패들렛 등은 시각적인 도구와 채팅방을 이용해 텍스트 기반의 정보 처리를 할 수 있어 팀 활동에 유용한 매체입니다. 그 중에서 학습자가 학습 주제에 맞게 미리 프레임이나 프로젝트를 제작하기에 가장 효과적인 도구는 단연 알로입니다. 도형 만들기, 포스트잇 붙이기의 기능은 다른 도구들도 대부분 가능하나, 협업 기능에 집중한 도구로서 알로는 다른 도구들과 차별됩니다. 자세한 내용은 CHAPTER 3에서 설명드리겠습니다.

알로를 활용하면 문제해결 프로세스, 현상을 정리하는 도구, 아이디어를 발산하는 도구 등을 미리 프레임만 그려놓으면 언제 어디서든 협업 작업을 할 수 있기 때문에 오프라인 상황에서와 동일하게 상호 작용을 경험하며 학습을 할 수 있습니다. 아니 오히려 언제 어디서든 접근 가능하다는 측면에서는 오프라인 수업에서의 팀 활동보다 더 원활한 의견 개진이 이루어질 수 있습니다.

소프트웨어를 준비하면서 교수자가 꼭 체크해야 할 점은 시스템의 안전성과 온라인 학습의 참여 방법이 원활하게 준비 되는지 여부입니다. 대면 수업에서 강의장을 적절히 안내하는 것과 같다고 생각하시면 됩니다. 본인의 강의 환경이 문제가 없다고 모든 것이 끝난 것은 아닙니다. 반드시 학습자의 접속 환경도 체크해야 합니다. 강의 중에 목소리가 안 들린다, 소리가 지직거린다, 화면 공유가 안 된다, 공유 파일 접근이 안 된다, 동영상이 재생 안 된다 등등의 요청이 있을 수 있습니다. 학습자의 환경을 예측하지 못하거나 소프트웨어 조작을 위한 최소한의 준비가 되어 있지 않았기 때문입니다. 수업을 시작하기 전이나 수업 초반에 학습자들에게 자신의 환경을 체크하라는 조언과 메시지 그리고 실시간 협업을 위한 환경이 다 세팅됐는지의 여부도 체크하면 더욱 원활한 수업을 마련할 수 있을 것입니다.

3) 상호 작용 도구를 명확하게 제시해주기

대면 수업에서 참여식 교수법이 한창 붐이 일어날 때 이런 이야기가 있었습니다. "퍼실리테이션은 포스트잇만 쓰면 된다", "포스트잇만 보아도 이제 토 나와요." 등. 도구 사용 이유가 명확히 전달이 되지 않고 포스트잇을 신격화하듯 사용하다 보니 생겨난 우스갯소리입니다. 그럼에도 불구하고, 프로젝트 수업을 효율적·효과적으로 하기 위해서는 도구와 방법이 필요한 것이 사실입니다. 프로젝트 수업에서 팀이 학습 과제를 해결하기 위해서 크게 두 가지 종류의 도구가 활용됩니다. 논점 정리용 도구와 문제해결 방법을 돕는 도구입니다. 정확히 사용하면 학습을 효율적으로 촉진하고 독려하는 역할을 수행하기 때문에 꼭 알아두어야 합니다.

구분		도구의 종류
논점 정리용 도구		포스트잇(그룹핑), T-차트, Y-차트, 스티커, 이미지 카드 등
문제해결 방법을 돕는 도구	문제해결 프로세스	액션러닝, 디자인씽킹, 6시그마, 맥킨지 모델, GE 모델, 3M 모델 등
	프레임으로 분석하는 도구	SWOT 분석, Fish Bone, 과제기술서, 프로세스 매핑, 감정 지도 등
	아이디어를 발산하는 도구	브레인스토밍, 트리즈, 마인드맵, 디딤돌법, 만다라트 등

도구의 종류만 보아도 이것을 다 사용해야 하는지 부담스럽습니다. 하지만 장담하건데 이 도구를 모두 다 사용하는 경우는 없습니다. 다만, 러닝 퍼실리테이너는 이런 도구의 종류와 사용 방법을 기억해 두었다가 언제 필요한지 하나씩 꺼내서 적재적소에 사용할 줄 알아야 합니다. 도구는

목적이 아니라 효율성을 높여주는 수단이기 때문입니다. 아주 단순한 T나, Y의 모양으로 구성된 프레임을 제공해주는 것이나 논의의 결과물로 도출된 몇 가지의 요소를 또는 어떤 논리로 연결하여 결과를 만들어낼 것인가만 주어져도 학습자들의 학습은 매우 달라집니다. 그냥 "주제에 대해서 대화를 나눠 주세요."라는 말만 하기보다는 차트를 그려놓으면 프레임의 수만큼 측면에서 생각을 할 것이고, 프레임에 주제를 넣어주면 효과는 매우 올라갑니다. 대표적으로 3칸짜리 프레임을 작성하고 "오늘 우리가 다룬 주제에 대해서 Plus긍정, Minus부정, Interest흥미로운 것로 나누어 대화해 보세요."라고 전달한다면, 학생들은 아무런 기준이 없는 것보다 더욱 집중해서 대화를 하게 될 것입니다. 차트는 학습자들의 주제에 따라서 구별해서 사용해주시면 됩니다.

하나 당부의 말씀을 전달하자면, 도구를 쓸 줄 알아야 진정한 프로젝트 수업인 것처럼 잘못된 철학을 가지면 도구에 사로잡히게 됩니다. 도구를 잘 쓸 줄 알아야만 결론을 만들어낼 수 있다는 필요조건적 사고보다는 도구를 잘 쓸 줄 알면 결론내기가 쉬워진다는 충분조건적 사고를 갖는 것이 중요합니다.

PMI 차트

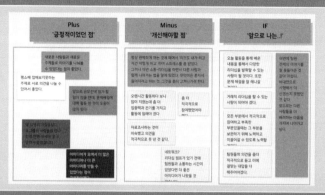

구름(원인)/비(현상)/우산(해결방법) 기법 차트

프로그램에 맞춰서 디자인된 차트

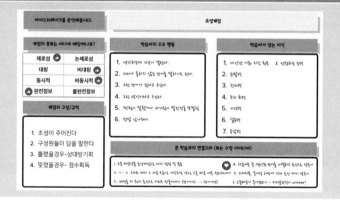

온택트 교수자,
질문을 디자인하라

학습자가 주도적으로 학습 과정에 참여하게 하려면 러닝 퍼실리
테이터는 질문을 잘해야 합니다. 러닝 퍼실리테이터가 갖추어야 할
자질 중 가장 중요한 것이 질문하기라고 해도 과언이 아닙니다. 질문하고
답하는 과정을 통해 학습자의 호기심이 증폭되고, 학습에 몰입하게 되기
때문입니다. 질문이 학습자의 뇌를 자극하는 데 도움이 된다는 것을 확실
하게 경험했던 적이 있습니다. 수업 도중에 모르는 것이 있어 수강생인
러닝 퍼실리테이터에게 질문을 했는데, 대답은 하지 않고 "선생님은 어떻
게 생각하세요?" 라며 역질문(질문을 질문으로 받아치기)을 하더군요. 질문을
했는데, 되레 질문을 받으니 조금 당황스럽기는 했지만, 질문을 받은 순간
부터 대답을 하고 있더라고요. 질문의 힘을 다시금 느끼게 된 계기가 되었
지요.

질문하는 법을 배워 본 적이 있으세요?

그런데 질문하기가 쉽지 않습니다. 2010년 G20 정상회의장의 사건을 알고 계신가요? 기자회견장에서 버락 오바마 당시 미국 대통령 주최측인 한국 기자에게 마지막 질문을 할 기회를 주었지만, 한국 기자들이 질문하지 않아서 중국 기자가 질문을 했던 그 사건 말입니다. 지금까지도 질문 관련 주제를 이야기하는 자리에서는 계속 회자되는 부끄러운 사건입니다.

왜 한국 기자들은 질문을 하지 않았을까요? 대부분의 교육 전문가들은 한국의 수업 현장의 문제점을 꼽습니다. 어렸을 적 무수한 질문을 쏟아내고 묻는 말에 대답을 곧잘 하던 아이들이 중고등학생과 대학생이 돼 갈수록 질문도 하지 않고 대답도 하지 않습니다. 교실 수업이 시험을 잘 보기 위한 수업으로 바뀌고, 학습자는 이해하기보다는 외우는 데 집중하고, 교수자들은 진도빼기에 급급합니다. 한 마디로 우리는 학창 시절에 질문하는 법을 배워 본 적이 없습니다. 설령 수업 시간에 질문이라도 하는 친구가 있으면 끝나가는 수업을 늘렸다는 질책을 받게 되고, 그것도 모르냐는 핀잔을 받는 교육 문화 속에서 자랐습니다. 이것은 교수자와 학습자 모두 질문의 문을 닫는 최악의 결과를 가져왔지요.

하지만, 이런 학습 환경이라고 해도 우리는 질문을 멈춰서는 안됩니다. 오히려 질문이 없는 학습자들을 그대로 두면 러닝 퍼실리테이터가 아니죠? 다양한 방법으로 질문하도록 유도해야 합니다. 질문은 학습자의 사고의 폭을 넓히고 탐구를 촉진해서 창의성을 극대화하는 가장 좋은 방법입니다. 모 인터넷 서점에서 '질문'이라는 키워드를 검색해보면 무려 3,435권이나 검색이 됩니다. 그리고 지금도 계속 늘어나고 있지요. 이는 질문의 중요성을 보여주는 것이 아닐까요? 하지만 질문하기는 책으로만 익혔다고 해서 능수능란하게 사용할 수 있는 것은 아닙니다. 여러 차례의 시행착오를 거치며 실패와 성공의 경험을 통해 익혀지는 것입니다. 이런 시행착오는 교수자가 앞서서 해보아야 하겠지만 학습자들에게도 미리 경험해볼 수 있도록 기회를 주어야 합니다. 다양한 질문에 노출되고, 이런 질문에 대답을 하는 것이 하나도 이상하게 여겨지지 않는 교육 문화를 이제라도 만들어야 합니다. 그때 비로소 우리의 수업은 모두가 주인공이 될 것입니다.

다양한 질문의 유형을 알아야 합니다

앞서 말한 것처럼 온택트 프로젝트 수업에서 러닝 퍼실리테이터로서 교수자가 제공하는 질문은 강력한 힘을 갖습니다. 학습자는 홀로 있기 때문에 학습을 가능하게 하는 다양한 자극을 느끼기 어렵습니다. 질문은 온라인 환경을 보완하는 가장 강력한 도구로 작용합니다. 온택트 환경에서는 질문이 학습자에게 유일한 동아줄이자 수업의 전부라고 보아도 과장되지 않습니다. 중요한 것은 질문의 힘이 양보다는 질에서 결정된다는 것입니다. 얼마나 많은 질문을 하느냐가 아니라 어떤 질문을 하느냐가 중요하지요. 그럼 우리는 어떤 질문을 해야 할까요?

프로젝트 수업에서 학습은 학습자가 직접 결정하고 찾아가는 과정이 학습의 근원이기 때문에. 학습자가 개방적이고 통합적인 사고를 할 수 있도록 질문을 하는 것이 필요합니다. 이러한 질문의 속성으로는 크게 3가지가 있는데, 첫째, 사고를 이어 나갈 수 있는 개방형 질문Open Question, 둘째, 사고를 제한하지 않는 중립적인 질문Neutral Question 셋째, 긍정적 관점에서 문제를 바라보게 하는 가능성 추구형 질문Possibility Searching Question입니다.

　개방형 질문Open Question은 함께 대화를 이어 나갈 수 있는 질문입니다. 개방형 질문은 답변할 수 있는 범위가 넓은 반면 폐쇄형 질문Closed Question은 대부분 '예, 아니오'와 같이 한 단어 또는 선택적으로 답변이 됩니다. 예를 들면 "이 제품에 대해서 어떻게 생각하세요?" 라는 질문은 여러 가지 속성을 이야기할 수 있는 반면, "이 제품에 만족하세요?" 라는 질문은 매우 짧은 답변으로 이어질 것입니다. 폐쇄형 질문을 사용하는 수업에서는 대부분 학습자들이 수동적인 분위기에서 교수자의 질문을 넘기는 정도에서만 답변을 하게 됩니다. 답변하는 사람 입장에서 보면 사고와 논의를 제공하는 것이 아니라 반응을 보여주는 것만으로 자신의 역할을 다한 것으로 느끼게 될 것입니다.

나도 모르게 사용하는 폐쇄형 질문의 예시 Closed Question	사고를 넓혀주는 개방형 질문의 예시 Open Question
주제에 대해 아시겠어요?	주제에 대해 우리가 아는 것 / 모르는 것은 무엇일까요?
좋은 아이디어인가요?	어떤 면에서 좋은 아이디어라고 생각하세요?
프로젝트는 예정대로 진행되고 있나요?	프로젝트를 원활히 진행하기 위해서 도와줄 것이 있나요?
다시 적용해 보시겠어요?	프로젝트에서 점검해봐야 할 것은 무엇이 있을까요?

　중립적인 질문Neutral Question은 교수자의 질문에서 의도나 정답이 이미 정해져 있거나 그러한 뉘앙스가 느껴지지 않는 질문을 말합니다. 뭔가 익숙하게 들리시지 않나요? 반대말은 가치편향 질문Value-Loaded Question인데

심지어 유행어에도 있습니다. '답.정.너'●라고 하지요. 예를 들면 "A를 인터뷰하는 것이 어떤가요?" 라는 질문은 학습자들에게는 A를 만나라는 교수자의 지시로 다가올 것이고, "인터뷰하는 것이 어떤가요?" 라는 것은 인터뷰 외의 다른 대안이 떠오르지 않게 합니다. 학습자가 프로젝트 수업에서 경험해야 하는 것들을 제거하는 것이지요.

가치가 포함된 질문은 사실 조금 더 심각한 결과를 초래합니다. 질문의 시점뿐만 아니라 앞으로의 관계에서도 학습자의 주도권은 교수자에게 넘어가고 수동적 자세로 만들게 됩니다. 이러한 상황을 독일의 베스트셀러 작가 베르벨 바르데츠키는 이렇게 표현했습니다.

'정답은 이미 나와 있다.
"너는 그 답에 맞게 행동해야 한다."는 것이다.
상대는 끊임없이 실패하며
결국 질문자의 매서운 눈초리를 견디거나,
아니면 모든 것을 포기하고 달아나거나
둘 중 하나의 선택을 할 수밖에 없다.'●

질문을 한 교수자는 조금 더 빠르게 가도록 친절하게 알려주는 의도라고 생각할 수 있지만 결과는 학습의 권한을 뺏어가는 질문입니다. 만약 우리의 수업에서 잘 대답하고 질문하던 학습자들이 어느 순간 수동적으로 변했

● "답은 정해져 있어. 너는 대답만 하면 돼."의 줄임말
● "너는 나에게 상처를 줄 수 없다", 배르벨 바르데츠키(2013)

다면 내가 잘못된 질문을 던지지는 않았는지 살펴볼 필요가 있습니다.

답이 정해져 있는 가치편향 질문의 예시 Value-Loded Question	직접 사고하도록 돕는 중립적 질문의 예시 Natural Question
팀은 잘 돌아가고 있죠?	우리 팀의 프로젝트가 이렇게 잘 진행되는 이유가 무엇인가요?
A에게 물어보는 게 어때?	누구에게 물어보면 이 문제를 해결하는데 도움을 받을 수 있을까?
B 아이디어를 채택해볼까?	어떤 아이디어를 선택하는 게 우리의 목적에 맞을까?
비용이 낮은 아이디어가 좋겠지?	아이디어를 선택할 때 무엇을 고려해야 할까?

가능성 탐색형 질문Possibility Searching Question은 어떤 문제가 발생했을 때 원인이나 책임을 찾기 이전에 문제를 해결하는 방향으로 사고하게 하는 질문입니다. 반대말은 책임추궁 질문Accountability-Searching Question입니다. 가능성을 탐색하는 질문은 사고를 넓히는 것 이외에도 안심하고 프로젝트를 수행할 수 있는 분위기를 형성하는 데 더욱 큰 영향을 미치게 됩니다.

예를 들어 학습자가 회의에 가져오기로 한 자료를 가지고 오지 않았을 때 대부분 "왜 안 가져왔어?"라는 질문을 던집니다. 이는 자료를 가져오지 않은 원인을 궁금해 한다기보다 상대방을 질책하는 질문입니다. 이 상황에서 가능성을 탐색하는 질문으로는 "자료를 지금 가져올 수 있어? 얼마나 걸릴까?"가 좋은 예입니다. 만약 자료를 가져 오기 어렵다면 상황을 가능성으로 바꾸기 위해 "우리가 자료 없이 지금 어디까지 프로젝트가 가능할까?"라는 질문을 하는 것이 좋습니다. 사람들이 여기 모인 이유를 가능한 범위에서 찾아보는 질문을 던지면 함께 문제를 해결할 수 있다는 신뢰감

속에서 성공적인 프로젝트 활동을 기대할 수 있을 것입니다.

팀을 불안하게 만드는 책임추궁 질문이 예시 Accountability Searching Question	긍정의 분위기를 만드는 가능성 탐색 질문의 예시 Possibility-Searching Question
실적이 왜 저조한가요?	실적을 높이려면 어떻게 해야 할까요?
누가 이렇게 했나요?	개선이 필요한 부분이 있을까요?
지금 이게 다인가요?	어느 정도 준비해야 할까요?
비용이 왜 이렇게 많이 들어요?	비용을 낮추려면 무엇부터 해야 할까요?

질문은 수업의 시점에 따라 달라져야 합니다

자, 이제 질문의 종류가 아닌 시간에 따라서 나열해 보도록 합시다. 시간 순으로 바라보면 우리는 통합적 사고에 조금 더 가까워질 수 있습니다. 팀 프로젝트 수업의 과정에서 하면 좋은 질문, 학습의 마무리 단계에서 하면 좋은 질문을 익혀볼까요?

첫째, 학기 초에는 안전지대Safety zone를 형성하는데 초점을 두는 질문을 해야 합니다. 내 질문이나 내 대답이 무시되지 않는 교실, 내가 무엇을 얘기하든 독려되는 교실, 내 질문에 충조평판(충고, 조언, 평가, 판단) 당하지 않을 거라는 믿음이 쌓인 안전한 교실을 만들어 놓으면 학생들은 눈치 보지 않고 무엇이든 질문할 겁니다. 학습자가 입을 열고, 교수자가 입을 닫으면 학습자 스스로 자기주도적 학습을 하고 있다고 이해해도 될 겁니다. 그래서 교수자는 퍼실리테이터처럼 분위기를 부드럽게 만드는 다양한 아이스브레이크나 스팟 도구와 질문을 연결해서 질문에 편안한 감정을 갖도록 해주는 것이 포인트입니다.

안전지대를 형성하는 질문은 무엇일까요? 정답이 없는 질문입니다. 본인이 생각하는 바 그 자체가 학습인 질문입니다. 정답이 있는 질문은 틀린 게 아닐지 눈치 보게 하고 불편한 상황을 만들죠. 교수자가 궁금한 것을 묻지 말고 학습자가 궁금해할만한 것을 질문으로 만들어 물어보세요. 학습자 개개인이 답하는 응답이 정답이 되게 만들어야 마음 놓고 대답을 하겠지요. 학습자는 신이 나서 얘기를 할 겁니다. 향후 프로젝트 수업의 성공이 팀 빌딩에 달려 있는 경우라면, 더욱 더 안전지대 형성이 중요해집니다. 학기 초 안전지대를 형성하는 데 도움이 되는 질문의 다음의 것들이 있습니다.

안전지대를 형성하는 질문_학습자 개인의 경험을 묻는 질문(정답이 없는 질문)	
느낌 질문	처음 강의실에 들어왔을 때 어떤 느낌이었나요?
	제 수업계획서를 보고/듣고/읽고 나니 어떤 느낌이 드나요?
	제 얘기를 들어보니 어떠세요?
	그 작업을 해보니 어떤 느낌이 들어요?
	다른 친구/팀의 이야기를 들어보니 어떤 느낌이에요?
	만약, 이 수업에서 A+을 받는다면 어떤 느낌일 것 같아요?
	언제 그런 느낌이 생겼어요?
	방학이 끝난 요즘 어떻게 지내세요?
	개학을 앞두고 지난 주말에는 어떻게 지내셨어요?
의미 질문	당신에게 이 수업은 어떤 의미가 있어요?
	이 수업을 선택한 이유를 물어봐도 될까요?
기대 질문	이 수업을 선택한 계기(동기)가 뭐예요?
	이 수업에서 특별히 기대하는 바는 뭐예요?
	교수자에게 바라는 것은 무엇이에요?

둘째, 팀 프로젝트 학습 과정에 맞는 질문을 찾아야 합니다. 단계나 목적에 따라서 세부적으로 나눠서 질문하기를 활용해야 합니다. 팀 프로젝트를 위해 팀원 간 역할을 분담할 때 사용하는 질문은 5W1H를 활용하면

좋습니다. "누가", "언제", "어디서", "무엇을", "왜", "어떻게"를 활용해 질문을 하면 질문을 만드는 두려움은 쉽게 사라질 겁니다. 물론 이런 쉬운 질문은 학습자가 대답하기도 좋은 질문이지요. 누구나 익숙한 요소를 묻는 질문이지만 그래서 상당히 구조화된 사고를 이끄는 질문법입니다.

과제에 대한 역할분담_5W1H 질문법 사례

- **Who** 누가 이것을 할 거지요?
- **When** 언제까지 이 일을 할 건가요?
- **Where** 어디에서 이런 것을 구할 수 있지요?
- **What** 무엇을 하려고 하나요?
- **Why** 왜 이것을 하려고 하나요?/ 왜 이 주제를 골랐지요?
- **How** 어떻게 처리할 건가요? 처리하는 방법은?

이제 본격적으로 프로젝트 수업은 문제 해결에 진입합니다. 문제 해결을 위한 방법으로는 비즈니스 코칭에서 활용되는 질문들이 유효합니다. GROW 혹은 S-GROW처럼 구조화된 질문법을 활용하면 짧은 시간에 효과적으로 문제를 해결하게 됩니다. 아래의 사례를 살펴봅시다.

S-GROW 질문법 사례

- **Safety zone** 요즘 어떻게 지내세요? 지난 주말에는 어떻게 지내셨어요? 회사에 좋은 소식이 들리던데 좋은 소식을 나눠주시겠어요?
- **Goal** 문제가 해결돼서 바라는 바(To-Be)는 무엇인가요? 그 문제가 해결되면 무엇이 좋아지나요?
- **Reality** 그 문제와 관련해 현재 어떤 상황(As-Is)인가요? 어떤 어려움/장애물이 있나요?
- **Option** 그 문제(갭)를 해결하려면 어떤 대안이 있을까요? 누구로부터 도움을 받을 수 있을까요? 어떤 자원을 활용할 수 있을까요?
- **Way** 그 대안에 대한 액션 플랜은 무엇인가요? 언제까지 할 예정인가요?

문제가 파악되면 아이디어 창출이 필수입니다. 아이디어를 발산할 때 학습자를 자극하는데 유용한 질문 또×3 질문법입니다. '또? 또? 또?' 질문은 연계된 속성을 탐구하게 하거나 놓친 부분이 없는지 검토하는데 유의미합니다. 계속 하다보면 사고의 폭이 넓어지고, 탐구심을 자극해서 생각하지 못했던 아이디어를 촉발하는 경험을 많이 하게 됩니다.

과제해결을 위해 아이디어를 확산시켜야 할 때_또×3 질문법 사례
〈과제명 :　　　　　〉 • 어떤 아이디어를 생각할 수 있을까요? • 또 어떤 것이 있을까요? • 또 추가한다면요? • 또 하나만 더 추가한다면요?

마지막으로 학습의 마무리 단계입니다. 마무리하는 순간 교수자는 무엇을 중점으로 보아야 할까요? 하나는 학습을 강화하는 것 그리고 강화된 학습을 전이시키는 것입니다. 그렇기 때문에 수업이나 프로젝트를 마무리하고 정리하는 질문하는 것은 학습을 완성시키는 마지막 점찍기입니다.

피드백 질문은 학습의 전이가 일어났는지를 교수자가 확인할 수 있는 마지막 질문입니다. 피드백의 정의가 '입력과 출력을 갖춘 시스템에서 출력에 의하여 입력을 변화시키는 일'을 말합니다. 학습에서의 피드백은 수업에서 퍼리실리테이터가 학생들로 하여금 학습으로부터 배운 것과 알게된 것을 새롭게 구성할 수 있도록 돕는 역할을 하는 것입니다. 과정상의 행동이나 반응의 결과를 피드백 질문으로 답해보면서 자신의 학습을 내적으로 기억하고 구성해 가는 결과를 가져 올 수 있습니다. 이런 질문은 메타인지의 강화에 많은 도움이 됩니다. 배느실(배운 것/느낀 것/실천할 사항), 좋아해(좋았던 것/아쉬운 것/해보고 싶은 것) 등의 구조화된 질문기법을 사용하면 쉽게 적용 가능합니다.

학습(프로젝트)의 마무리_배느실을 활용한 피드백 질문법 사례

배운 점, 기억에 남는 것
- 오늘 수업에서(이번 프로젝트에서) 어려웠거나 이해가 잘 안된 부분은 무엇인가요?
- 오늘 수업에서(이번 프로젝트에서) 가장 기억에 남는 것은 무엇인가요?
- 오늘 수업에서(이번 프로젝트에서) 특히 집중했던 순간은 언제였나요?
- 오늘 수업에서(이번 프로젝트에서) 가장 도움이 된 내용은 무엇인가요?

느낀 점, 깨달은 점
- 오늘 수업에서(이번 프로젝트에서) 배우고 깨달은 바를 가장 먼저 나누고 싶은 사람이 있다면 누구인가요?
- 오늘 수업(이번 프로젝트)을 관통하는 핵심을 한 단어로 표현한다면?
- 오늘 수업에서(이번 프로젝트에서) 얻은 통찰이 있다면 어떤 것인가요?
- 오늘 수업에서(이번 프로젝트에서) 이후에 좀 더 깊이 탐구하고 싶은 것이 있다면 무엇인가요?

실천할 점, 현장에 적용할 점
- 오늘 수업에서(이번 프로젝트에서) 배운 것을 통해 새롭게 도전하거나 시도해보고 싶은 것이 있다면?
- 오늘 수업(이번 프로젝트) 이후로 좀 더 해야 될 게 있다면 무엇일까요?
- 오늘 수업에서(이번 프로젝트에서) 배운 것 중 꼭 실천해보고 싶은 것 1가지를 꼽는다면?

온택트 학습자를
주인공으로 만들어라

여러분의 수업에서는 학습자가 수업의 진정한 주인공이 맞나요? 비대면 환경에서 배우려는 동기도 점점 사그라진 학습자를 주인공이라 생각하며 강의를 할 수 있을까요? 반대로 카메라를 끈다고 해서 그들이 주인공이 아닌 것일까요? 중요한 것은 학습자가 학습 자체에 몰입하도록 교수자가 수업을 디자인하는 것입니다. 수업이 시작 된 후에 동기 부여를 고민할 것이 아니라, 애초에 교수 설계 단계에서부터 확실하게 주인공으로 만들어 주는 것이 수업 중에 커피 쿠폰으로 동기 부여시키는 것보다 훨씬 효과적이고 쉽습니다.

학습자 스스로 동기부여 찾기: why? 왜 배워야 하는데?

2019년 2월에 세바시에서 '일터를 바꾸는 리더십'이라는 주제로 글로벌 컨퍼런스를 열었습니다. 그 당시 버니스 맥카시 박사라는 분도 초대

되었는데요, 버니스 맥카시 박사는 경험을 인지하고 처리하는 학습법인 4MAT에 대해 이야기했습니다. 4MAT에서는 학습자를 주인공으로 놓고 학습자의 유형에 맞는 수업을 설계해야 함을 강조합니다. 4MAT 사고는 Why 질문에서 시작하는데요, 이 Why 질문을 교수자 입장에서 생각하느냐?, 학습자 입장에서 생각하느냐에 따라 수업 설계는 많이 달라집니다. 결국 중요한 것은 '학습자 중심'이라는 단어입니다. 학습의 진정한 주인공은 학습자(주인공/고객)이기 때문에 학습자 중심의 사고가 강조되는 것은 당연하다는 논리입니다.

만약 우리가 교수자 입장에서 왜 공부하는지를 찾는다면 다음과 같은 일이 벌어지게 됩니다. 주의를 집중시키기 위해 매 주차에 지식채널e나 유튜브와 같은 시청각 영상 자료를 사용하기도 하고, 외적 보상을 위해 SNS로 커피 쿠폰을 쏴 보기도 합니다. 목적 적합성을 높이기 위해 선배들과의 대화를 통해 실무에서 얼마나 유용하게 사용되는 학문인지를 알려주기도 합니다. 자신감을 불어넣어주기 위한 쉬운 문제를 출제하거나 폭풍 칭찬도 아끼지 않습니다. 온라인 상황에서는 온라인 교구를 활용한 퀴즈나 게임을 도입해 보기도 합니다. 그러나 이러한 방법들은 학생들 입장에서 일시적인 재미 요소가 있을 수 있겠지만, 꼭 학습자의 참여가 증가하거나 지속적인 학습 성과가 나타나는 것은 아닙니다. 교수자가 일방적으로 제공하는 교수법은 교수자의 만족일 뿐입니다. 학습자의 입장에서는 교수자의 교수 설계를 강요당하는 셈입니다. 교육학자 켈러Keller가 제시한 동기부여 이론 ARCS모형에 따라, 주의력Attention, 목적 적합성Relevance, 자신감Confidence, 만족감Satisfaction의 네 가지 요인별로 다양한 방법으로 학습자의 동기를 유발하려고 노력해 왔던 것이 사실입니다. 그러나 지금의 온택트 환경에서는 교수자 입장에서 바라본 교수 설계는 이상하리만치 작동하지 않습니다.

그래서 학습자 입장에서 스스로 동기 부여를 할 수 있는 것이 중요해집니다. 동기 부여는 교수자가 주는 것이 아니라, 학습자가 스스로 찾아야 하는 것입니다. 학습자가 먼저 공부의 의미를 찾아야 학습에 몰입할 동기가 부여되겠지요. 이 교육이 나에게 어떤 도움이 되는지를 찾은 학습자는 가만히 수동적인 자세를 취하지는 않을 겁니다. 그렇다면 우리는 어떻게 학습자가 스스로 동기를 부여하게 할까요? 그 방법으로 정강욱 교수의 〈러닝퍼실리테이션〉에 나온 3S Motivating을 소개해드리겠습니다.

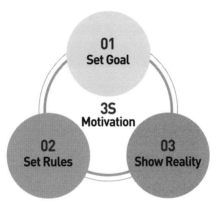

01
학습자가 자신의 학습 목표를 결정하게 합니다. 강의 초반에 포스트잇을 사용하여 수업에 대한 질문을 만들도록 유도함으로써 본인이 무엇을 알고 무엇을 모르는지를 스스로 확인할 수 있습니다.

02
학습자가 학습의 방식(ground rule)을 선택할 자율성을 갖게 하자는 겁니다. 학습자는 스스로 수업의 룰을 정하면서 자신의 수업의 주인공임을 인지하게 됩니다.

03
학습자 자신의 현재 상태를 객관적으로 파악하게 합니다. 주제와 관련된 진단지를 준비해서 자가 진단을 하게 하거나 간단히 사전평가를 실시합니다.

학습자에게 강제로 동기를 부여하는 것이 아니라, 학습자가 스스로 학습의 why(동기부여 요인/학습 의미/학습 가치)를 찾도록 디자인하게 돕는 것이 교수자가 학습자를 주인공으로 만드는 진짜 역할일 것입니다.

학습자가 학습을 느끼게 만드려면 "학습 실재감"

2020년 코로나가 창궐했을 때는 교사 무용론이 기사화되기도 했습니다. 이전에는 학교는 지식만 전달하는 곳이 아니라, 학생들의 인성과 사회성을 가르쳐 주는 곳이라고 대부분 생각했습니다. 그런데 난데없이 팬데믹이 터지면서 온라인 수업이 대세가 되자, 생활 지도를 통해서 형성되는 인성과 사회성을 가르칠 학교가 존재하지 않게 되었습니다. 교수자의 역할에 위기가 생겼습니다. 온라인 수업에서 교수자가 학생과 함께 한다는 감성적 교감을 이루지 못하면 구글 검색보다 나은 점이 없게 되겠지요. 그래서 온택트 프로젝트 수업에서 가장 중요한 것이 학습자가 학습을 실제로 학습을 하고 있다는 감각을 느끼게 해주는 것입니다.

실재감은 학습자가 교수-학습 상황과 과정에 실재 존재한다고 지각하는 정도를 말합니다. 앤더슨Anderson과 개리슨Garrison이 1995년에 제안한 탐구공동체 모형community of inquiry에 따르면 실재감은 교수 실재감teaching presence, 인지적 실재감cognitive presence, 사회적 실재감social presence으로 나뉩니다. 3가지 실재감은 서로 영향을 주며 온라인에서도 오프라인처럼 수업이 다채로워지는 데 가장 큰 역할을 합니다. 여기서 주목해야 할 점은 실재감은 심리학적 요소라는 점입니다. 학습자가 느껴야 의미가 있다는 것이지요. 그렇다면 어떻게 느끼게 할 수 있을지 하나씩 살펴보겠습니다.

교수 실재감은 교수instruction 설계를 하고 조직화하는 측면과 함께 학습 촉진이라는 교수 현상에 대한 학습자의 인식 수준을 의미하는 것입니다. 학습 내용을 구조화하고 학습자의 지속적인 참여를 유도하여 담화를 촉진해 나가며 교수자와 학습을 함께 하고 있다는 지금의 상황을 인식하고 유지하는 것입니다.

교수 실재감을 제고시키는 활동

- 학습 내용을 효과적으로 구조화할 수 있도록 명확한 학습 목표와 과정 운영 방식을 제시하는 것
- 사이버 상에서 학습자가 질문이 생겼을 때 교수자로부터 즉각적인 피드백을 받는 것
- 학습자에게 온라인에서 전개되는 담화에 집중하도록 직접적으로 관련된 내용을 제시하고 학습을 안내하는 것
- 의사소통 촉진: 개방적 의사소통 격려, 교수자의 열린 마음갖기
- 학습 촉진 및 점검 : 학습 과정에 활기 불어넣기(열정 발휘하기, 학생들에 대한 따뜻한 환영)
- 교수자의 학문적 전문성을 갖추기 : 수업의 체계적 실행, 콘텐츠 충실성
- 학생들에게 권한 부여하기(권위를 포기하는 방식의 교수법 구사)
- 교수-학습과정 중에 교수실재감을 기반으로 한 모니터링과 멘토링 실시하기

인지적 실재감Cognitive Presence은 온라인 수업에서 학습자들이 학습 활동을 통해 학습에 관련된 주제 영역의 내용을 이해하고 스스로 그 범위에 맞는 지식을 창출하며 확인해나가는 능력입니다. 내가 어떤 학습을 하고 있는지 그때그때 꺼내어 볼 수 있도록 질문하고 연결해 주는 것이 필요합니다.

인지적 실재감을 제고시키는 활동

- 다음의 인지적 실재감의 4단계(정보교환적 상호 작용)를 적용하기
  1단계: 문제 인식하기
  2단계: 대화를 통해 해결책 탐색하기(아이디어 발산)
  3단계: 발굴된 아이디어를 통합하기(아이디어 수렴)
  4단계: 학습이나 업무에서 얻은 새로운 지식을 적용하고 문제를 해결하기

사회적 실재감Social Presence은 온라인을 통한 커뮤니케이션 환경에서 학습자 자신을 사회적으로 또 감성적으로 지각하는 정도입니다. 상대방이 존재하고 있다는 느낌을 넘어 서로가 존재함을 느끼도록 그 대상과 소통하고 사회적인 관계를 형성하고 있다고 계속해서 인식하도록 하며 학습자들은 서로 학습의 준거점이 되어 줍니다.

프로젝트 수업에서 학습자가 주인공이 된다는 것은 과제의 선정에서부터 과제의 해결의 전 과정을 학생 스스로 운영한다는 것을 의미합니다. 따라서 교수자는 팀별 온라인 토론이나 정기적인 오프라인 모임 등을 통해 학습자 간 상호 관계를 향상시키는 다양한 활동을 수행해야 하는 것입니다. 그리고 이 모든 행동은 학습자가 주체적으로 수행할 수 있도록 디자인해야 합니다. 실시간 채팅, 소그룹방 운영, 즉각적인 피드백 등으로 학습자끼리 혹은 학습자와 교수자를 연결해서 마치 바로 앞사람과 대화하는 듯한 느낌을 갖게 하면 학습자의 머릿속에서도 자신이 주인공인 스토리를 그려나가게 되는 것입니다. 이 외에도 친밀감, 따뜻한 분위기, 개방성 혹은 사람을 끌어당기는 것, 이모티콘, 유머, 사교적인 언어 사용, 환영의 인사말, 다른 사람의 이름을 호명해주기. 공동체의식 심어주기, 응시, 고개 끄덕임, 눈 움직임, 청자의 반응, 제스처, 공간적 근접성, 비언어적 요소(표정) 각종 의성어, 의태어 사용하기 등을 통해 학생들의 실재감을 끌어내고 자신에게 그러한 감정이 있다는 것을 인식시켜 주다보면 어느 순간 학습자가 알아서 학습하고 끊임없이 질문하는 모습을 보게 될 것입니다. 절대 가르치지 마세요, 학습할 무대를 만들어 주세요.

4MAT

4MAT에서는 인간(학습자)의 뇌를 두 가지(이성의 뇌 vs. 감성의 뇌)로 분류합니다.

이성의 뇌 - 인지, 객관성, 분석, 순서, 언어적, 선형문제 해결과 느린 생각을 담당

감성의 뇌 - 직관, 주관, 통합, 동시성, 시각적, 원형문제 해결, 빠른 생각을 담당

이성의 뇌는 '무엇을', '어떻게'에 관심을 두기 때문에 핵심아이디어, 개념, 기술 연구, 증거, 지식 등에 대한 질문에 관심이 많고, 감성의 뇌는 '왜', '만약에'에 관심이 많기 때문에 가치, 의미, 상상력, 감정, 가능성, 성과에 대한 질문에 관심을 갖습니다.

인간의 뇌는 두 가지로 분류된다는 것을 토대로 세로축에는 느낌과 생각을, 가로축에는 행동과 숙고를 배치하면 단계별로 학습에 적합한 교수자의 역할을 알 수 있다는 것이 4MAT 이론입니다.

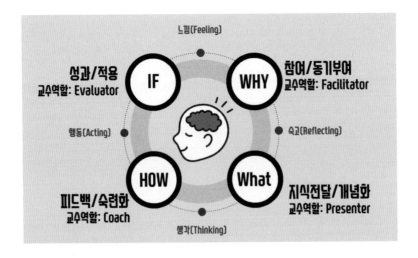

4MAT 이론에서는 다음 순서로 학습한다고 설명합니다.

1 먼저 가치를 찾아서 학생들을 참여시키고 동기부여를 해 줍니다.

2 지식을 전달하고 개념화하는 능력을 키워주며 질문합니다.

3 기술적으로 피드백을 주고 능숙하고 숙련되도록 도와줍니다.

4 마지막으로 성과를 평가하고 학습한 내용을 현실에 적용하도록 해줍니다.

온택트 학습,
팀이 결정하도록 하라

"학습자들은 혼자 공부할 때보다 동료 상호 작용을 통해
문제를 해결해 가는 과정에서 더 많은 것을 배운다."

1인의 천재 vs. 무지한 대중, 누가 더 똑똑해?

찰스 다윈의 사촌인 프랜시스 골턴Sir Francis Galton이라는 우생학자가 있었습니다. 골턴은 1906년에 한 박람회에 참여했다가 소의 무게를 알아맞히는 게임을 보게 됩니다. 게임에 참가한 사람들 중에는 푸줏간 주인이나 축산업자들도 포함되어 있었지만, 일반인들도 있었습니다. 골턴은 이들이 전문적인 지식이 없었기 때문에 소의 평균 몸무게를 못 맞출 거라고 생각했습니다. 하지만, 군중이 적어낸 값을 평균해 보니 0.5kg밖에 차이가 나지 않았다고 합니다. 대중의 무지를 증명해 보이려고 했지만 골턴의 의도와는 반대로 대중의 지혜가 우월할 수 있음을 알게되는 계기가 되었습니다. 우리는 이 사례를 통해 다시 생각해보아야 합니다. 다수의 학습자보다 1인의 교수자가 더 똑똑하다고 할 수 있을까요?

골턴의 이 실험을 응용해서 프로젝트 수업 진행할 때 종종 활용하는 게임이 있습니다. 인터브랜드Interbrand사에서 매년 발표하는 세계 10대 브랜드를 알아맞히는 게임입니다. 처음 라운드에서는 서로 대화를 하지 않고 개인별로 10개 브랜드를 알아맞히게 하고, 두 번째 라운드에서는 팀원 간에 대화와 토론을 통해 대10개 브랜드를 알아맞히게 합니다. 이 게임을 하면 항상 개인이 얻은 점수보다 팀이 얻은 점수가 높게 나타납니다. 한 학기 동안 4~5인이 팀을 이루어 팀 프로젝트를 수행해야 하는 경우에 학습자들에게 팀워크의 중요성, 집단 지성의 힘을 강조하고 싶다면 따로 설명하지 않고 이 게임을 통해 경험하게 해 줄 수 있습니다.

왜 개인보다 팀이 우수한 결과를 가져올까?

심리학 용어 중에 확증 편향이라는 용어가 있습니다. 확증 편향은 본인이 이미 가지고 있는 입장이나 생각을 강화하는 정보만을 선택적으로 취사선택하여 받아들이는 인간의 경향을 일컫는 말입니다. 자기만의 경험치가 쌓이면서 그 사람만의 가치와 사고 패턴이 만들어지는데 이 패턴은 잘 바뀌지 않고 오히려 더 단단해지고 굳어져 갑니다. 꼭 나이가 많은 경우에만 해당되는 것은 아닙니다. 누구라도 기존의 지식이 현재의 판단에 영향을 끼칩니다. 그런데 이러한 편향적 사고가 중대한 의사 결정 상황에서 발현된다면 어떻게 될까요? 올바른 결과를 얻지 못할 것입니다. 그래서 우리는 팀 과제를 해결하는 과정에서 의사 결정을 단독적으로 내리지 않고 공동체가 하도록 만들어야 합니다. 서로의 편향적 사고를 모두 꺼내어 놓고 비교하는 순간 정보와 목적을 매칭하는 토론이 가능해집니다. 어디서 많이 들어본 이야기 아닌가요? 바로 이전에 설명드린 게임의 원리와 같습니다. 각자 고민하고 대화하게 함으로써 편향의 오류를 줄일 수 있습니다. 이는 팀이 결정하게 하는 가장 쉬운 원리입니다. 이런 과정을 통해 피드백의 경로가 다양화되고 정보의 집중화도 방지되기 때문에 더욱 효율적인 의사 결정을 할 수 있습니다.

다양성을 중심으로 팀을 구성하라

디자인 씽킹Design Thinking으로 유명한 세계 최고의 디자인 컨설팅 그룹 아이데오IDEO를 유튜브에 검색해보시면 매우 의미 있는 영상이 검색됩니다. ABC 나이트라인에서 취재했던 마트의 카트를 재설계하는 프로젝트 영상이 가장 유명합니다. 프로젝트를 위해 모인 팀원들은 MBA 출신, 언어학자, 마케팅 전문가, 심리학자, 생물학자 등 다양합니다. 카트를 만드는데 왜 기술자나 고객이 아니라 다양한 사람들이 고민을 하게 했을까요? 한 팀에 동질성을 가진 사람들끼리만 모이면 사고 방식이 비슷하기 때문에 관점이 다른 다양한 사고를 할 수 없습니다. 반대로 서로 다른 사람들끼리 모이면 다양한 관점에서 사고하고 혁신이 가능합니다. 생물학의 입장에서 바퀴를 바라보고, 언어학의 입장에서 카트의 의미를 되새기며 확증 편향 방지와 피드백 경로의 다양화, 정보의 집중화 방지가 동시에 이루어집니다.

다시 처음으로 돌아와서 질문 드리겠습니다. 학습은 무엇일까요? 학습은 무엇을 추구하는 걸까요? 최근에는 학습자가 수동적으로 지식을 받아들이는 것(=주어지는 것)이 아니라 학습자가 스스로 지식을 '만들어 간다'고 보는 구성주의적 관점에서 학습을 바라봅니다. 학습자가 지식을 만들어 가는 구성주의적 관점에서 바라보면 팀원들의 지식과 상호 작용이 학습에 영향을 줍니다. 과제를 해결하기 위해 모인 팀은 액션러닝에서 주장하는 행동을 통한 학습Learning by Doing을 통해 지식을 만들어갑니다. 학습자와 학습자가 직접적·적극적인 참여 과정에서 만들기, 게임하기, 조작하기 등 손 활동을 통해 체득 지식을 만들어 갑니다. 그렇기 때문에 다양한 사람들을 통해 다양한 학습을 하는 것이 필요합니다.

사회학습 이론으로 저명한 심리학자 알버트 반듀라Albert Bandura는 인간은 비슷한 나이, 같은 성별, 같은 인종 등 자기와 비슷한 사람을 더 잘 모방한다고 합니다. 그래서 또래 간의 관찰 학습을 통해 많은 지식을 만들게 된다고 주장합니다. 그에 따르면, 팀 과제를 수행하는 과정에서 동료들로부터 배움이 일어나게 된다는 겁니다. 이런 주장을 근거로 그간 교수자들은 팀원 구성 시 성별, 군필 여부, 정보 기술을 다루는 수준, DISC 성격 진단 결과, 학과 등을 구분하여 팀을 구성해 왔습니다.

요즘은 팀 구성법은 과거의 방식과는 많이 달라졌습니다. 인적 특성을 가지고 나누기보다는 학습자 각자가 관심을 가지는 과제를 각자 발표하게 한 후 유사한 과제끼리 묶어서 팀을 구성하는 방법을 많이 사용합니다. 이 방법은 팀이 모여서 과제를 결정하는 것은 아니지만 과제에 동의한 팀이 모이게 되는 방법입니다. 학습자의 프로젝트 수행 동기에 긍정적인 역할을 주게 되겠지요. 이러한 변화에는 성과 평가 방법이 느슨해진 탓도 있지만 팀 프로젝트에서 제일 중요한 것은 과제 수행의 자발성이라는 인식이 커졌기 때문입니다. 교수자에 의해 꾸려진 팀보다는 학습자 스스로 관심 있어 하는 과제를 중심으로 팀 구성을 하게 되면 팀 과제 선택에 대한 자율성과 책무성을 갖게 되는 것이므로 주도적으로 문제해결에 몰입하기 때문입니다. 이 과정에서도 팀 과제의 내용과 관련된 지식뿐만 아니라 과제 해결 프로세스와 관련해서 수반되는 팀 리더십, 의사 소통 기술, 갈등 관리, 회의 운영 기술, 발표 기술 등을 포함하는 다양한 지식이 습득됩니다.

온택트 과제는 꼭
리얼 이슈^{Real Issue}로 하라

진짜 문제? 가짜 문제?

문제란 무엇인가요? 골치 아픈 것? 우리를 방해하는 것? 사람? 악당? 선생님이 풀라고 주는 퀴즈? 모두 맞는 것 같지만 딱 들어맞는 느낌은 아닙니다. 이 질문에 명쾌하게 답변을 하는 사람은 많지 않습니다. 오히려 "그런 걸 알아서 뭐해?" 라고 생각할 수 있지요. 우리는 많은 단어들을 일상적으로 사용하고 있지만 의미를 모르는 경우가 많습니다. 적어도 프로젝트 수업을 준비하는 교수자라면 문제의 개념은 명쾌하게 설명 할 수 있어야 하겠지요. 플로리다 주립대의 로저 카우프만 교수는 다음과 같이 문제를 설명합니다.

문제는 현실^{As-is}과 원하는 것^{To-Be}의 차이^{Gap}에서 온다

문제는 지금보다 더 나은 현실을 원하는 순간 시작됩니다. 지금의 상태

보다 나아지고자 마음먹은 새로운 상태를 정확히 알면 문제를 명확히 알고 있는 것이고요. 이 두 가지 현실과 이상이 명확히 그려지지 않고 '잘 됐으면 좋겠어.'와 같은 수준은 문제라기보다는 소망에 가깝습니다. 문제의 상황을 명확히 보는 눈 그리고 문제 해결 방법을 찾는 것이 프로젝트 수업의 핵심이죠. 학습자들은 자신의 삶에 도움이 되거나 흥미진진한 문제를 인식할 때 단순히 암기하는 것이 아닌 문제를 마주하며 학습을 경험하게 됩니다. 그때 비로소 학습의 가치를 느끼게 되며, 문제를 직접 해결했을 때 성장의 밑거름이 되는 성공 경험을 가질 수 있게 됩니다.

여러 문제들 중에서 학습자들이 마주 해야 하는 문제는 어떤 문제들인가요? 이 질문에 대한 답변은 수없이 많고 사람마다 모두 다르겠지만 하나 확실한 것은 가짜 문제를 해결하려 하는 사람은 없을 것이라는 것입니다. 프로젝트 수업 역시 마찬가지입니다. 가상으로 설정된 가짜 문제는 현실과 맞지 않아 탐색하다가 논리적 오류에 빠지거나, 해결해야 하는 당위성을 느끼지 못하게 되겠지요. 학습자가 진짜 몰입할 수 있도록 진짜 문제를 찾을 수 있게 해야 합니다.

"모든 사람은 도전과 문제해결에 동기를 부여 받습니다.
하지만 우리는 학교에서 충분히 사용하지 않고 있습니다."

"Everybody is motivated by challenge and solving problems,
and we don't make use of that in schools enough."

-Professor Bruce Alberts, University of California

'진짜 문제'를 잘 찾으려면 어떻게 해야 할까요?

그 동안 학습자들은 교수자가 수업 설계 시 디자인해 놓은 과제, 교수자가 해결 의지를 가진 과제, 교수자가 중요하다고 느끼는 과제를 수행해 왔습니다. 그러니 학습자의 과제 몰입도가 그리 높지 않았습니다. 학습자는 진짜 문제를 맞닥뜨리는 순간, 문제를 인식하고 해결할지 말지 또는 난이도까지도 느낄 수 있습니다. 여기서부터가 학습의 시작이지요. 결국 우리는 학습자가 찾아낸 과제나 고객이 중요하다고 느끼는 과제, 문제 해결에 대한 니즈가 강한 과제들을 찾아야 하며 이것은 모두 세상에 진짜 존재하는 진짜 과제여야 합니다. 그렇다면 온택트 프로젝트 수업에 적합한 진짜 문제는 어떻게 찾을 수 있을까요? 학습자, 세상 그리고 고객의 입장에서 살펴보겠습니다.

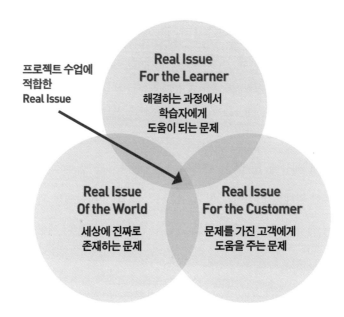

첫 번째, 학습자의 진짜 문제Real Issue for the Learner입니다. 학습자에게 진짜 문제란 문제를 해결했을 때 자신에게 의미가 있는 과제를 말합니다. 성적이나 평가 때문이 아니라 진행하는 과정에서 나의 미래에 필요한 지식이나 경험이 되는 것 또는 프로젝트 수업을 끝내고 나면 나의 취업 포트폴리오가 될 법한 과제가 주어져야 합니다. 전공 지식을 그저 외우는 것이 아니라, 학습하는 이유를 자신의 미래나 진로에서 증명할 수 있도록 설계하면 책 속의 지식은 자신의 삶의 문제가 되는 것이죠.

아래는 전공 과목에서 진행된 실제 과제의 예시●입니다.

전공 과목명	과제 명칭(예시)
건축 공학	• 공대 1호관 3층과 공대 3호관 2층 사이 연결
관광 전산 실무	• 호텔 프런트오피스 시스템 및 백오피스 시스템 매뉴얼
교육 공학	• 중등 교육에서 자기주도적 학습을 증진시키는 프로그램 개발
글로벌 역량	• 개인 : 외국어 능력 향상 계획 수립 및 시행 • 팀 : 다문화 가정 관련 정책 제안서 수립 (OOO관공서 대상) 외국인 관광객 관광 도우미 프로그램 개발 및 운영
기업 영어	• 무역 운송 서류 작성시 체크 리스트 작성
자원 봉사론	• 신임 사회복지사를 위한 자원 봉사자 관리지침서 개발

두 번째, 세상에 실재하는 과제Real Issue of the World를 찾아야 합니다. 너무나 명료한 과제를 열심히 수행했지만 세상에 적용할 수 없는 과제라면 새장 아니 연구실 속의 학습일 뿐입니다. 연구실 속의 실험이 세상을 반영하

● '전공과목별 과제 목록', 액션러닝 교수법 인증과정 교재, 한국액션러닝협회(2020)

지 못한다면 무슨 의미가 있을까요? 학습도 마찬가지입니다. 세상의 과제를 찾는 과정을 학습자가 거치는 과정만으로도 학습자는 세상을 더욱 확실하게 인지하게 될 것입니다. 자연스레 어떤 지식이 필요한지 혹은 아닌지를 인식하게 될 것이며 자신의 진로에 맞는 내용을 학습하게 됩니다. 이미 해결된 과제가 존재한다면 이를 통해 모방 학습하게 될 것이며 해결되지 않은 과제를 보며 기회를 포착하고 열의가 생기게 될 것입니다. 이것이 진짜 동기부여겠지요

마지막은, 고객에 실재하는 과제Real Issue for the Customer입니다. 누군가의 문제가 해결되기를 간절히 원한다는 것은 학습자에게 교수자의 제시보다 더 확실한 이정표가 됩니다. 전공 지식이 뜻대로 적용되는지 확인하려면 고객을 만나보아야만 알 수 있으며, 혹시 내가 생각한 것과 전혀 다른 모습으로 적용된다면 전공 지식을 응용해볼 기회가 됩니다. 고객에게 '문제가 해결된 경험'을 하게 했다면 여기는 수업이 아니고 교실도 아닙니다. 이미 세상을 이롭게 하고 있는 단계에 이르게 되는 것입니다. 학습이 실제가 되는 순간을 고객을 만났을 때라고 정의해도 될 것입니다. 학습자들은 자신의 인식에서 과제를 스케치하기 시작했지만 세상을 바라보고 고객에서 머물며 프로젝트를 완성하게 됩니다. 프로젝트 수업을 통해 학습자에게 진짜 학습을 이끌어 내고 싶다면 진짜 문제를 찾는 것 너무나 당연하지 않나요?

프로젝트는 구덩이의 연속 Learning Pit

프로젝트 수업에서 학습자가 가장 오랫동안 함께 하는 것이 무엇일까요? 서운하실지 모르겠지만 교수자가 아니라 바로 문제problem입니다. 프로젝트 수업에서 학습자에게 과제는 마치 링컨 대통령의 게티즈버그 연설과 같습니다. 문제의! 문제에 의한! 문제를 위한!(of the problem, by the probleme, for the problem) 학습 과정입니다. 여기서 문제는 학습자들이 해결하고자 하는 상태를 인식 했을 때이며, 과제는 해결해야 한다는 결정했을 때입니다. 둘의 차이는 매우 크죠. 문제는 과제가 되고 그것을 학습하는 과정이 프로젝트 수업이라고 간단히 말할 수 있습니다. 그때 학습자의 내면에서 일어나는 학습 과정을 잘 나타내 주는 이론이 학습의 구덩이(Learning pit) 이론입니다.

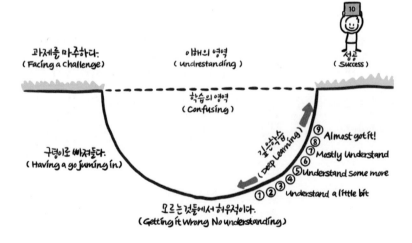

학습의 구덩이 (Learning Pit)

학습의 구덩이 이론은 학습자가 문제를 만나기 전의 편안한 상태(Comfort Zone)에서 구덩이라는 문제 직면의 상태(Challenge Zone)로 빠져들게 하면서 시작됩니다. 시작이 반이라고 했던가요? 학습자가 구덩이에 풍덩 빠지도록 하는 것이 프로젝트 수업의 반이라고 설명해도 과언이 아닙니다.

그렇다면 구덩이 속에서 학습자는 어떤 과정을 겪게 될까요?
- 이 구덩이는 어떤 구덩이(어떤 문제)일까?
- 이 구덩이에 대체 무엇이(어떤 단서) 있을까?
- 이 구덩이 끝에 어떤 보상이(결과물) 있을까?
- 이 구덩이에서 나가려면 무엇이(어떤 아이디어) 필요할까?
- 이 구덩이에서 나가며 어떤 실패(어떤 한계)를 겪을까?
- 이 구덩이를 거치며 나는 무엇을 경험(학습)했는가?

온전히 구덩이 속에서 학습을 하기 위해서 교수자는 어떤 역할을 해야 할까요?
1. 학습 몰입 : 구덩이에 용기 내어 빠져들게 합니다.
2. 학습 지원 : 구덩이와 관련된 필수 지식을 제공하거나 탐색할 수 있도록 합니다.
3. 사고 촉진 : 학습자가 창의적으로 해결 방안을 찾도록 자극하고 질문합니다.
4. 동기 부여 : 학습자의 해결안을 지지하고 지원합니다.
5. 성찰 질문 : 학습자의 활동을 학습으로 승화시킵니다.

학습자는 구덩이에서 나오는 노력을, 교수자는 촉진하는 과정을 수행하면 단순하게 구덩이에 대해서 책으로 보는 것과는 달리 성공 경험과 해결 경험을 그리고 지식을 모두 갖추게 되는 모습을 발견하게 됩니다. 프로젝트 수업을 하는 동안 다양한 구덩이에서 의미있는 경험을 하도록 지원해야 하는 것 꼭 기억해주세요.

프로젝트 수업에 딱!! 3가지 문제 해결 프로세스

문제 해결에서 학습을 이끌어내는 Action Learning Process

액션 러닝Action Learning은 문제해결 과정기반의 학습이 철학적 기초가 되는 방법입니다. 흔히 행동을 통한 학습Learning by Doing으로 부르기도 합니다. 정확한 정의는 학습자가 직면한 실제 문제를 팀 구성원과 해결하는 과정에서 문제 해결과 학습이 동시에 이루어지게 하는 방법입니다. '실제 문제', '팀 학습', '성찰'을 키워드로 꼽을 수 있습니다. 액션러닝에서의 문제해결 프로세스는 다음과 같습니다.●

● '성공하려면 액션러닝하라.' 봉현철 저, 행성B웨이브

과제 정의	과제 연구	해결 방안 개발과 타당성 검증	실행과 성과 창출		
1. 과제 선정 배경의 이해 와 과제 관련 선행 학습 2. 과제 해결 후의 이상적 모습 구상 3. 팀 학습의 결과물 정의 과제 조인식 실시	5. 과제 관련 이슈 분석 6. 가설 검증 계획 수립 7. 가설 검증 활동 수행 8. 가설 검증 결과 정리	9. 해결 아이디어 도출 10. 구체적 해결방안 개발 11. 해결 방안의 타당성 검증 12. 해결 방안의 수정 보완	13. 실행 의사 결정 14. 실행 15. 실행 효과 분석 16. 사후관리		
팀 미팅 +성찰	팀 미팅 +성찰	팀 미팅 +성찰	팀 미팅 +성찰	팀 미팅 +성찰	팀 미팅 +성찰	……

액션러닝 문제해결 프로세스는 문제해결 프로세스의 기본과 가장 유사합니다. 기본적으로 문제를 찾고 정의한 뒤, 핵심 원인을 찾아서 해결 방안을 만들어내고 실행에 옮겨보는 매우 논리적이고 기초적인 프로세스입니다. 이러한 평이함 속에서 액션러닝이 특별해지는 것은 '학습자의 실제 문제'를 사용하는 것 그리고 과정마다 성찰을 통해 학습을 이끌어낸 다는 점입니다. 프로젝트 수업을 할 때 다른 프로세스를 활용하더라도 학습을 이끌어내는 구조는 필수이므로 꼭 기억해야 할 방법론입니다.

고객으로 시작해서 고객에서 끝나는 'Design Thinking'

디자인씽킹은 이 책에서 알로를 활용한 예시로 사용하고 있으며, 최근 가장 주목받고 있는 문제해결 프로세스입니다. 여타의 프로세스가 문제의 해결 방안을 찾아내는 것에 집중한다면 디자인씽킹은 프로젝트를 수행하는 사람이 아닌 고객이 문제를 어떻게 생각하고 있는지에 집중합니다. 고객을 중심으로 생각하니 결과물도 고객이 판단하도록 하는 과정이 특별하다고 할 수 있습니다. 그러고 보니 고객이 없는 문제가 과연 세상에 존재할까요? 고객은 가장 중요한 열쇠입니다.

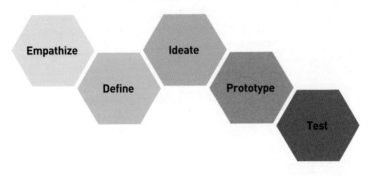

1단계 공감Empathize

디자인씽킹은 문제에 대한 해결자의 가정을 뒤로 하고, 사용자의 요구에 먼저 주목합니다. 확실한 사용자의 요구를 아는 것 아니 사용자의 요구를 가능한 똑같이 공감하려는 노력이 들어 있습니다. 고객의 마음을 완전히 읽으면 그 프로젝트는 가치도 있을 것이고, 방향을 잘못 잡는 실수도 없을 것입니다.

2단계 과제정의Define

공감 단계에서 얻은 시사점을 토대로 고객에게 가장 중요한 핵심 문제를 정의하게 됩니다. 디자인씽킹으로 세계에서 가장 저명한 디자인컨설팅회사 IDEO에서 제시한 과제 선정 방법에서는 세 가지를 확인합니다. 문제가 사용자의 열망을 담고Inspiring 있는지, 기술적으로 실현이 가능Possibility한지, 해결을 했을 때 가치Valuable가 있는지의 3가지 기준을 충족하는 문제를 해결대상으로 삼습니다. 이 중 가장 중요한 하나를 꼽자면 사용자의 열망 즉,

사용자가 문제가 없어지기를 원하는가를 확인하는 것이 가장 중요합니다.

3단계 아이디어 발상Ideate

처음 두 단계가 의미 있게 진행되었다면 이제 고객의 문제에 정확한 초점을 맞출 수 있습니다. 이제 해결안을 탐색하기 시작합니다. 많은 사람들이 처음부터 아이디어를 정해놓고 검증하는 방법을 사용하는데 이는 명백한 오류입니다. 정답에 문제를 짜 맞춰서 보는 선택적 지각을 하거나, 필요한 자료만을 수집하는 편향을 보이게 됩니다. 아무리 급해도 아이디어 발산은 역시 문제가 정확히 보인 다음에 해야 합니다.

4단계 빠른 프로토타입Prototype

디자인 씽킹에서의 프로토타입은 고객이 만족하는지 빠르게 확인하는 것을 목적으로 합니다. 외부 디자인, 포장까지 모든 기능을 가진 제품을 가지고 테스트하다 보면 본질을 놓치기 쉽습니다. 축소 버전의 제품이나 특정 기능만을 가지고 있으면 확인은 충분합니다.

5단계 적용해보기Test

프로토타입에서 완성된 물건을 고객 입장에서 평가해보고 수정하는 반복 작업의 단계입니다. 최상의 솔루션이라고 확신이 들기 전까지 계속 진행합니다. 그리고 아주 작은 수정을 빠르게 반복하는 것이 디자인씽킹의 테스트입니다. 원하는 결과가 아닌 것은 실패가 아니라 문제를 다시 살펴볼 수 있는 소중한 끈이 됩니다.

창업을 준비하는 수업이라면 'Lean Start-Up'

수업에서의 문제해결은 학습이 종점이기 쉽습니다. 하지만 요즘 수업들은 조금 다른 모습입니다. 공모전에 입상하는 것 자체를 수업에서 다루기도 하고, 실제 기업과 연결해서 문제해결의 가치를 평가받기도 합니다. 그렇다면 가장 최고는 역시 고객으로부터 가치를 인정받고 비즈니스로서 완성되는 모습일 것입니다. 린 스타트 업Lean start-Up은 창업방법론이지만 수업에서 빠르게 고객에게 인정받는 것을 목적으로 사용되기도 합니다. 프로젝트 수업이 학습자를 실리콘밸리로 이끌어 줄 수 있다면 아마도 린 스타트업이 가장 적합할 것입니다.

단계	단계별 이슈	내용
1단계	문제/솔루션 검증	창업자의 아이디어의 사업화 가치 검증 문제의 솔루션이 절적한지 검증
2단계	제품/서비스 검증	제품과 서비스의 기능이 적절한지 검증
3단계	비즈니스 모델 검증	지속가능한 비즈니스 요소 검증 수익모델, 채널, 재무 타당성 검증
만들고-고객에게 검증하고-학습해서 다시 적용하는 과정의 반복		

'만들기-측정-학습 순환모델'Build Measure Learn Loop, 이하 BML이 가장 중심이 됩니다. 문제를 발견하는 과정까지는 여타의 방법론과 유사할 수 있으나 이슈가 발생하면 빠르게 만들고 측정하고 배우는 반복과정을 거치게 됩니다. 문제, 제품, 비즈니스 모델 등 창업에 필요한 내용들을 점검하며 해결안은 견고해지고 그 어떤 방법론보다 프로젝트는 학습의 의미를 갖추게 됩니다.

Allo!
ALLO!

☑ ALLO를 소개합니다.

☑ ALLO 시작할 준비 되셨나요?

☑ ALLO 기본 구성 익히기

☑ ALLO 기본 기능 익히기

☑ ALLO를 자유롭게 하는 숨어 있는 기능들

☑ ALLO, 프로젝트 수업 활용 노하우 3가지

·
·
·

첫 온택트 협업 도구를 만나보세요
말 그대로 모두가 같은 페이지에서 말이죠.
Meet your first remote workspace.
Get everyone on the same page, literally.

ALLO 공식 홈페이지

ALLO를
소개합니다

Say, ALLO!!

온택트 프로젝트 수업을 준비하는 교수자분들께 Allo! 하고 인사드립니다. 알로ALLO는 국내의 스타트업 오시리스 시스템즈가 개발한 클라우드 기반의 비주얼 작업 도구Visual workspace입니다. 처음에는 비캔버스라는 이름으로 서비스하였으며, 현재는 알로ALLO라는 이름으로 우리나라뿐 아니라 전세계를 대상으로 글로벌 서비스를 제공하고 있습니다. ALLO는 우리나라에서 만든 도구이지만, 실리콘밸리 최고의 기업 소프트웨어 액셀러레

이터 중 한 곳인 알케미스트 액셀러레이터로부터 투자를 받았습니다. 이후 실리콘밸리와 독일 베를린에서 선도적인 원격 업무 노하우를 가진 기업들과 직접 인터뷰하며 제품을 개발해 왔습니다. 유럽 최고의 항공기 제조업체인 에어버스Airbus 외에 디즈니, 에어비앤비, 페이스북, 슬랙 등이 ALLO의 초기 유저로 참여하였습니다. 한국에서는 세계 최고의 반도체 제조업체인 삼성전자에서 사용되고 있습니다.● 우리나라에서 개발한 글로벌 협업 도구로서 자랑스러운 프로그램입니다.

협업 도구들이 다양하게 개발되면서 그 경계가 모호해진 경향이 있습니다. 포스트잇 기능만 있었던 프로그램들도 이제는 협업이나 스케줄 그리고 사내 프로젝트와 연계 등 다양한 업무에서 활용되도록 조정되는 추세입니다. 파워포인트와 유사한 이미지의 화이트보드 형태의 '캔버스'에 이미지와 자료를 모으고Collect, 팀원들과 해당 내용을 실시간으로 공유Share하여 협업Collaboration할 수 있는 기능이 핵심입니다. 협업의 캔버스가 모이고 프로젝트가 해결에 사용되면서 ALLO는 단순 화이트보드가 아닌 가상의 사무실로서 더 큰 의미를 지니게 되었습니다.

ALLO는 교육 도구로 개발된 것은 아닙니다. 하지만 프로젝트 수업의 본질이 프로젝트 협업을 기반으로 한다는 점에서 가장 실제적인 도구로서 자리잡고 있습니다. 교수자가 미리 작성해놓은 템플릿 또는 학습팀이 직접 만들어낸 프레임워크 안에서 함께 협업하며 프로젝트를 수행하고 기록하게 됩니다. 물론 학습자들이 원하면 얼마든지 자신들의 분석 기법을 기

● ALLO 공식 홈페이지

록하고 공유할 수 있습니다. 이렇듯 학습자들은 ALLO 속에서 쌍방향으로 자료를 공유하는 것뿐만 아니라 영상통화도 하고 코멘트 기능도 활용하면서 소통에 최적화된 시스템을 활용하는 모습들을 보여줍니다. 그 어떤 학습보다 소통하고 정보를 교환해야 학습 성과가 올라가는 프로젝트 수업에서는 그야말로 '딱' 입니다. 전 세계에 22만 명의 사용자가 있으며, 웹서비스, 데스크탑 앱, iOS, Android 버전을 고루 지원합니다.

프로젝트 수업이 협업을 전제로 한다는 점에서
ALLO는 프로젝트 수업의 기본을 완성하기에 충분합니다.
Allo!! 이제 ALLO의 세계로 함께 떠나보시죠.

ALLO 시작할
준비 되셨나요?

"ALLO로 수업을 어떻게 시작하나요?"라고 질문을 받곤 합니다. 간단합니다. 먼저, ALLO에 가입하시고, 수업 프로젝트를 만들면 됩니다. '그럼 수업 하루 전까지만 가입해서 준비하면 되겠지?'라고 생각한다면 큰 오산입니다. 개개인의 디지털 역량, 수업의 성격과 내용에 따라 준비 시간이 천차만별이기 때문입니다. 이번 장에서는 ALLO를 처음 시작하는 분들에게 자주 받았던 질문들과 트러블 슈팅 내용들을 포함하여 사용 방법을 안내드립니다. 이대로만 따라가면 ALLO에 연착륙 하실 수 있습니다. Follow me!

먼저, 가입 전 사용 기기에 따라서 확인해야 할 점이 있습니다. 아래의 순서도를 따라서 확인해주세요. 이는 프로젝트 수업에 참여할 학생들도 동일하게 적용되니 사전에 꼭 안내합니다. 수업을 설계하고 진행하는 교수자라면 꼭 PC로 준비해 주세요. 스마트폰이나 태블릿을 사용해야 하는 학생들에게는 별도로 ALLO앱을 설치하도록 안내합니다.

가입 전 사전 준비

순서도를 따라서 점검해 보세요.

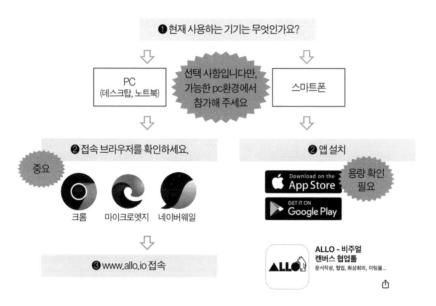

가입하고 참여하기

1) 홈페이지 들어가기(www.allo.io)

홈페이지에 들어오신 것을 환영합니다. '지금 바로 시작' 버튼을 클릭해

주세요.

2) 회원 가입

① 계정생성을 위해 다음의 3가지를 진행합니다.

- 이름과 이메일 주소, 비밀번호를 설정합니다.

- 나를 잘 표현하는 키워드에 체크합니다.

- 동의란에 체크하고 계정 생성 버튼을 클릭하면 끝!

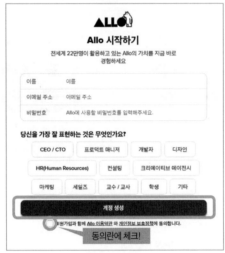

회원 가입 작성

② 가입이 완료되었습니다.

ALLO 대시보드 화면

TIP 사용 예시 둘러보기

ALLO는 다양한 사용 예시와 업무 유형별로 활용할 수 있는 템플릿 6가지를 제공하고 있습니다. 각 템플릿별로 업무 프로세스에 사용할 수 있는 페이지를 통해서 ALLO 활용에 대한 감을 익혀보세요!

- **데일리 스탠드업** : 일일 미팅을 진행할 수 있는 기본 내용들로 구성됩니다.

- **사용자 리포트** : 리서치 개요와 프로토콜, 자료 업로드, 인사이트, 해결책 제안으로 구성됩니다.

- **릴리즈 노트** : 개요, 기능 개발, 개선 사항, 버그 수정으로 구성됩니다.

- **프로젝트 플랜** : 프로젝트 개요와 계획, 일정, 업무 목록, 메모 등으로 구성되었습니다.

- **디자인 리뷰** : 디자인 작업 개요, 문제점 취합, 해결책 제안, 최종 결정과 측정 계획, 업무 요약 등으로 구성되었습니다.

- **주간 회의** : 주간 팀 회의 개요, 아이스브레이킹, 팀별 공유 내용, 회고로 구성되었습니다.

사용 예시 안내

3) 프로젝트로 협업 시작하기

ALLO에서 다양한 멤버들과 협업을 시작할 수 있습니다. 협업할 멤버들은 ALLO에서 생성된 프로젝트를 통해 만날 수 있습니다.

프로젝트 PM이 누구인지에 따라서 2가지 경로가 결정됩니다.

① 내 프로젝트(PM)에 멤버 초대하기

② 다른 멤버(PM)의 프로젝트에 초대받기

프로젝트에는 2가지 방법으로 이동할 수 있습니다.

- **프로젝트 초대 링크** : PM이 발송한 ALLO url을 클릭하면 해당 프로젝트로 이동합니다.(링크를 통해서 자동으로 프로젝트에 초대가 되었습니다.)

- **공유 문서함** : PM이 멤버의 ALLO 아이디(메일주소)를 받아 프로젝트에 초대할 수 있습니다. 초대받은 멤버는 공유 문서함에 생성된 프로젝트를 클릭해서 이동합니다.

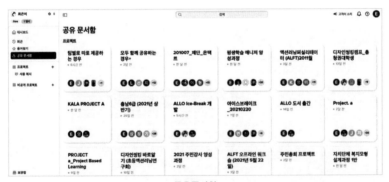

공유문서함

ALLO
기본 구성 익히기

ALLO를 열었다! 그런데 이건 뭐지? ALLO를 독학으로 처음 접하는 분들은 첫 화면에서부터 뭔가 복잡하다는 느낌을 받는 것 같습니다. 아마도 온라인 워크스페이스가 익숙한 공간이 아니어서 그런 것 같습니다(저도 그랬으니까요!). 겁이 나서 클릭도 못하시겠다고요? 여러분들의 클릭으로 ALLO가 고장나지는 않는답니다. 화면에 보이는 버튼들을 누르다 보면 자연스럽게 터득도 되겠지만 미리 내용을 안다면 조금 더 쉽게 접근할 수 있겠지요? ALLO의 6가지 구조와 개념부터 차근차근 설명해 드리겠습니다.

ALLO 구조와 개념

ALLO는 '워크스페이스 > 프로젝트 > 칸반보드 > 컬럼 > 캔버스 > 페이지' 총 6가지 개념으로 구성되어 있습니다.

한 가지씩 살펴볼까요?

워크스페이스 - 건물 세우기

워크스페이스는 ALLO 내에서 가장 큰 단위의 구조로 사용자의 업무를 구분해주는 공간입니다. 예를 들면 연구동, 교수동, 강의동과 같이 사용자의 업무 목적에 따라 만들어진 대학 캠퍼스의 건물과 같은 개념이지요.

또는 ALLO를 통해 협업하는 구성원의 유형(직업)에 따라 여러 업무 공간으로 구성할수 있습니다. 예를 들어 협업하는 구성원이 학생이라면 강의 워크스페이스, 함께 연구하는 교수진이라고 하면 연구 워크스페이스, 학교에서 맡고 있는 보직과 관련해서 교직원들과 프로젝트를 진행해야 하면 사업 워크스페이스 또는 개인적으로 혼자서 작업하는 공간이라면 개인 워크스페이스로도 구성할 수 있습니다.

프로젝트 - 전용 강의실 구성하기

프로젝트는 건물 내부를 구성하는 전용 룸과 같은 개념입니다. 건물을 통째로 터서 쓰는 경우는 거의 없고, 쓰임에 따라서 층과 면적을 구분해서 독립된 공간으로 구성하는 것과 같습니다. 예를 들어 대학의 강의동(워크스페이스) 안에는 2021학년도 1학기 디자인씽킹 A반, 2021 학년도 2학기 디자인씽킹 B반과같이 교수자의 담당 과목별로 전용 강의실들이 있는 것으로 생각하면 됩니다.

TIP 워크스페이스 첫 화면에 보이는 대시보드는 ALLO의 여러 정보를 한 눈에 이해하고 파악하기 쉽게 직관적으로 구성된 디스플레이입니다. 대시보드에서는 현재 워크스페이스와 프로젝트 목록을 확인할 수 있어 효율적으로 프로젝트를 관리할 수 있습니다. 이곳에서 ALLO가 시작됩니다.

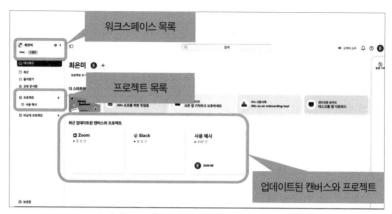

ALLO 대시보드 - 워크스페이스와 프로젝트 목록 확인 및 생성

프로젝트는 칸반보드, 컬럼, 캔버스, 페이지로 구성되어 있습니다.

칸반보드는 여러 컬럼들을 하나의 화면에 보여주는 화면입니다.

컬럼은 각 캔버스들을 한데 묶어서 효율적으로 관리할 수 있게 해주는 폴더와 같은 단위입니다.

캔버스는 여러 작업 페이지를 묶은 파일과 같은 개념입니다.

페이지는 ALLO의 최소 기록 공간 단위입니다.

정리해 보면, PPT 슬라이드와 같은 페이지가 모여 캔버스를 이루고, 여러 캔버스들을 묶어 놓으면 컬럼, 마지막으로 다양한 컬럼을 배열하면 칸반보드가 되는 것입니다.

한 가지씩 자세하게 살펴보겠습니다.

칸반보드 - 강의장 벽면 전체

칸반보드는 프로젝트 안에 있는 칼럼들을 하나의 화면에 전체를 보여주는 화면입니다. 한 눈에 프로젝트 전체 진행 과정을 시각화해서 볼 수 있는 장점이 있습니다. 칸반보드는 여러 컬럼으로 구성되는데 필요한 만큼 새 컬럼들을 생성하고 구조화할 수 있습니다.

컬럼 - 팀별/단계별 작업 폴더

컬럼은 프로젝트의 업무 내용별로 구성할 수 있는 폴더와 같은 개념입니다. 예를 들어 디자인씽킹 교육 A반 프로젝트에 컬럼을 구성하는 경우, 팀별로 구성할 수 있고, 디자인씽킹 프로세스별로 구성할 수 있습니다. 또는 수업 차시별로 진행할 활동별로 컬럼을 구성할 수도 있습니다. 칼럼은 각 캔버스(이젤패드)들을 묶어놓은 폴더로도 볼 수 있습니다.

컬럼은 드래그&드롭으로 각 칼럼들의 위치를 바꿀 수 있습니다.

캔버스 - 작업 파일

캔버스는 작업 파일과 같은 개념입니다. 강의 자료로 자주 활용하는 파워포인트의 파일로 예를 들 수 있습니다. 캔버스는 수업 현장에서 한 개 차시에 해당하는 것으로, 수업 현장에서 토의 수업 시간에 많이 활용했던 전지나 이젤패드와 같은 역할을 온라인상에서 구현할 수 있습니다. 학생들과 모든 아이디어를 시각화하고 구체화할 수 있습니다. 캔버스도 원하는 대로 다른 칼럼으로 쉽게 위치 이동이 가능하고 캔버스 자체를 복제하여 활용할 수 있습니다. 팀별로 활동할 수 있는 캔버스를 작업한 경우 여러 팀의 내용으로 복제하여 활용할 수 있습니다. 한 컬럼 안에 캔버스가 여러 개인 경우 캔버스 간 위아래로 위치 변환도 가능합니다.

프로젝트 구성 - 칸반보드, 컬럼, 캔버스

페이지 - 파워포인트 슬라이드/이젤패드

페이지는 ALLO의 최소 기록 공간 단위입니다. 학습자들에게 수업 내용을 전달하기 위해 자주 활용해왔던 파워포인트의 슬라이드, 또는 오프라인 공간에서 학습자들이 팀으로 토의할 때 활용하는 토의 시트나 이젤패드(전지) 낱장과 같은 개념으로 이해하시면 좋을 것 같습니다. 페이지에 포스트 잇, 이미지, 파일 등을 추가해서 팀의 아이디어들을 시각화하고 공유할 수 있습니다.

ALLO의 개념과 구조가 어느 정도 이해되셨을까요? 그럼, 앞에서 학습한 기본 개념을 활용해서 나만의 강의 공간을 만들어 보겠습니다.

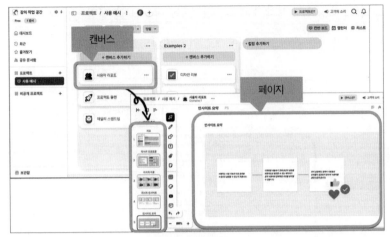

캔버스와 페이지

나만의 작업 공간 만들기

실습 1 새로운 워크스페이스 만들기

[⬍ ❶]을 클릭하고 [+ 새로운 워크스페이스 만들기❷]를 선택해서 강의 작업 공

간을 만들어보세요.

워크스페이스 생성

편집창에 워크스페이스 이름과 팀원 수를 선택해주세요.

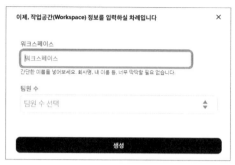

워크스페이스 이름 작성

TIP 워크스페이스 이름 변경 및 삭제

[✿**①**]을 클릭하여 관리자 설정을 열고 [**워크스페이스 이름 변경②**] 및 [**워크스페 이스 영구 삭제③**]를 할 수 있습니다.

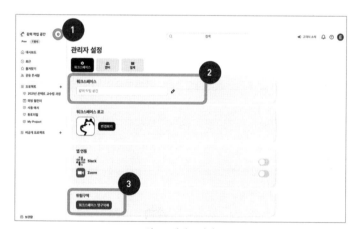

워크스페이스 설정

실습 2 ALLO 시작하기-프로젝트 탐험

워크스페이스 생성 시 자동으로 설정되는 'ALLO 시작하기' 프로젝트의 칸반보드, 칼럼과 캔버스를 둘러보면서 ALLO의 구조를 복습해 보세요.

프로젝트 추가

[프로젝트 +] 버튼을 클릭하고 프로젝트를 추가합니다. 올해 새롭게 시작할 수업명을 프로젝트 이름으로 적어보세요.

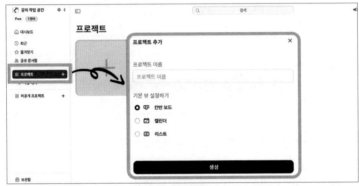

프로젝트 추가

컬럼 구성하기

컬럼 이름 우측의 **[…]** 버튼을 클릭해 보세요. 컬럼 추가, 이름 변경, 삭제 등의 부가 기능을 활용할 수 있습니다. 컬럼 이름 변경을 활용해서 수업에 필요한 컬럼들을 구성해 봅니다. 수업 시간에 자주 활용하는 '공지 사항&샘플'과 팀별 컬럼 활용을 위해 '1팀', '2팀' 컬럼을 구성합니다.

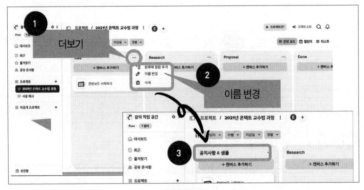

컬럼 구성

캔버스 추가

[+ 캔버스 추가하기] 버튼을 클릭하고 수업 첫 차시에 활용할 오리엔테이션 자료 캔버스를 생성해 봅니다.

캔버스 추가

캔버스 열기

새로 만든 캔버스를 클릭하면 페이지의 템플릿 설정 화면이 나옵니다. ALLO에서 제공하는 다양한 협업 템플릿을 활용해서 효율적으로 팀 작업을 진행할 수 있습니다. 수업시간에 새로 구성해서 작업해야 한다면 빈 캔버스를 활용해 보세요.

TIP 빈 캔버스(가로) 템플릿을 추천하는 이유

기존에 활용하던 파워포인트와 유사하고 학습자의 기기 환경(가로형 모니터)과 적합해 한 눈에 전체 페이지를 보기에 좋습니다.

이제, 수업에 활용할 페이지를 구성할 준비가 되었습니다.

캔버스 열기 - 템플릿 선택

ALLO
기본 기능 익히기

짝짝짝, 이제 협업을 시작할 준비가 되었습니다. 그런데 이건 또 뭐죠? 뭔가 알듯말듯한 버튼들이 눈에 들어옵니다. 이제 페이지 작성 기능을 알아볼 차례입니다.

ALLO를 몇 번 경험한 학습자, 교수자들이 이렇게 이야기합니다.

"이거 파워포인트랑 쓰는 게 비슷하네요."

네, 맞습니다. 파워포인트와 유사한 기능이 많이 있습니다. 그래서 ALLO는 '배운다'는 표현보다 '익숙해진다'라는 표현이 더 어울린다고 생각합니다. 딱히 새로 배울 것은 없어요, 단지 익숙해지기만 하면 되거든요. 그래서 한 번만 해보시면 그 다음부터는 참 쉬울 것이라고 자신있게 말할 수 있습니다. ALLO에 프로젝트 수업에 쓸 수 있는 협업 자료만 잘 준비해 놓으면 그 다음은 학습자들이 알아서 한다고요.

페이지 구성 둘러보기

페이지는 크게 중앙의 편집창(점선 박스)과 편집창 좌후에 있는 툴 바와 버튼들(숫자로 표시된 박스)로 구성되어 있습니다.

❶ 경로보기는 현재 작업 중인 프로젝트명과 캔버스명을 보여주는 공간입니다.

❷ 좌측 툴바는 편집 창에서 내용 작성 시 필요한 기록 및 편집 도구들이 모여있습니다. 하단에는 편집창의 크기를 확대 또는 축소시킬 수 있는 버튼이 있습니다.

❸ 페이지의 중앙에 있는 편집창은 내용을 기록하는 공간입니다.

❹ 우측 툴 바는 채팅, 코멘트, 활동 기록과 같이 협업에 필요한 상호작용을 돕는 기능들이 모여있는 공간입니다.

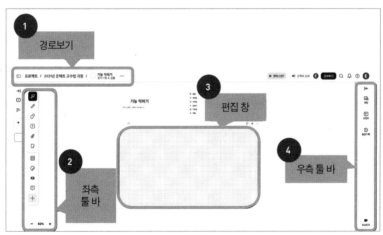

페이지 구성

경로보기

경로는 프로젝트〉컬럼명〉캔버스 명으로 표시됩니다. 현재 경로는 '공지사항 & 샘플 컬럼'에 있는 '기능 익히기' 캔버스에 있습니다. 맨 앞의 '프로젝트'를 누르면 프로젝트 리스트 화면으로 이동합니다. 컬럼명을 클릭해서 다른 컬럼과 캔버스로 이동할 수 있습니다.

> **TIP** ALLO는 별도 저장버튼이 없습니다. 모든 작업 내용은 자동으로 저장된답니다.(고마워요 ALLO!)

좌측 툴바

좌측 툴바는 편집 창에 내용을 넣을 때 활용됩니다. 위에서부터 도구 기능 버튼을 살펴보겠습니다.

1) 기본 마우스 도구

편집창의 개체들을 마우스로 클릭해서 이동, 수정할 수 있습니다. 지금은 편집창에 아무것도 없어서 마우스만 덩그러니 있네요. 추후 생성될 도형, 텍스트 등을 이동하고 수정할 때 사용하시면 됩니다.

기본 마우스 도구

2) 그리기 도구

그리기 도구를 클릭하거나 키보드의 숫자 2번을 눌러 실행하면 펜처럼 글씨를 쓰거나 선 긋기, 별 표 등 자유롭게 그림을 그릴 수 있습니다. 그리기를 실행하면 색상, 두께, 지우개 등 편집 도구 바가 자동 생성되어 편집할 수 있습니다. 수업 자료에 주석 기능으로 활용할 때 유용합니다.

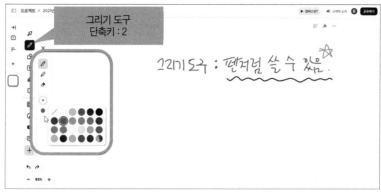

그리기 도구

3) 도형

편집창에 다양한 도형을 삽입할 수 있는 기능입니다. 단축키는 숫자 3 번입니다. 파워포인트로 설명 자료와 토의 양식을 구성할 때 사용하는 것과 유사하게 사용할 수 있는 기능입니다. 기본도형 도구 버튼을 실행하여 원하는 도형을 선택하면 테두리 선 모양, 색상 등을 선택할 수 있는 메뉴가 생성되어 다양하게 구성할 수 있습니다. 생성된 도형 배치 시 안내선이 자동 생성되어 배열에 도움 받을 수 있습니다.

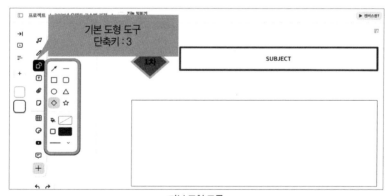

기본 도형 도구

동그라미 3군데를 확인하세요.

페이지 추가 방법

4) 텍스트 입력

텍스트를 입력할 때는 텍스트 입력 버튼을 클릭하거나 단축키 T 또는 숫자 4번으로 실행합니다. 툴 버튼을 누르고 편집창의 원하는 위치에 마우스 클릭하면 텍스트를 입력할 수 있도록 커서가 깜빡이는 것을 볼 수 있습니다. 다른 프로그램과 동일하게 글자를 클릭하거나 작성하면 편집 바가 자동생성되어 글머리 기호, 폰트, 크기, 정렬, 색상, 하이라이트 등 편집 기능을 활용할 수 있습니다.

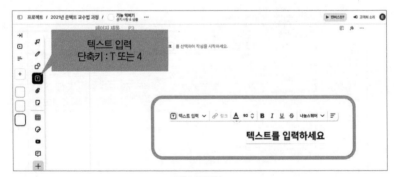

텍스트 입력

5) 파일 업로드

파일, 링크 등을 업로드할 수 있는 기능으로 숫자 5번을 단축키로 활용할 수 있습니다. 기존 문서 작성 프로그램과는 차별화된 기능으로 편집창에 파일, 사진, 사이트 주소 등을 버튼 하나로 쉽게 업로드할 수 있습니다. ALLO에서 다양한 종류의 자료, 파일, 아이디어들을 공유할 수 있는 유용한 기능입니다.

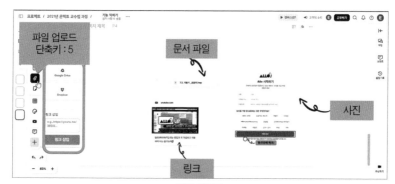

파일 업로드

컴퓨터나 드라이브 등에 있는 파일, 이미지를 선택하여 편집창에 업로드합니다. 화면에 보이는 이미지를 공유하는 경우에는 캡처 프로그램으로 필요한 부분을 복사한 다음 ALLO 편집창에 Ctrl+V(붙여넣기)로 바로 업로드할 수 있습니다.

업로드된 파일을 클릭하면 팝업창으로 바로보기하여 구성원들과 빠르게 내용을 확인하거나 다운로드하여 각자 PC에 저장할 수도 있습니다.

편집창의 링크 주소는 클릭하면 새창으로 해당 사이트가 열립니다.

프로젝트 진행에 필요한 다양한 자료를 페이지에 모아서 편리하게 확인하고 관리할 수 있습니다.

6) 포스트잇

 텍스트를 포스트잇에 쓸 수 있는 기능으로, p 또는 숫자 6번을 눌러 실행시킬 수 있습니다. 포스트잇 버튼을 클릭하면 배경색과 서식을 선택할 수 있습니다. 포스트잇으로 작업할 때 여러 사람이 동시에 의견을 적는 과정이 보이기 때문에 오프라인 수업이나 회의에서 포스트잇에 의견을 써서 공유하고 나눴던 그 경험을 온라인에서 구현할 수 있는 유용한 기능입니다.

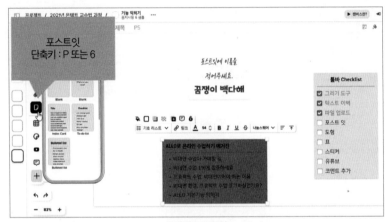

온라인 포스트잇

7) 표

 표 삽입 기능입니다. 단축키로 숫자 7번을 활용할 수 있습니다. 기본 서식으로 4가지 색상이 제공되며, 작성하는 방법은 파워포인트에서 표 작성하는 것과 유사합니다. 표 안에서 오른쪽 마우스를 클릭하면 내용 편집, 복사, 붙여넣기 등 메뉴를 활용할 수 있습니다.

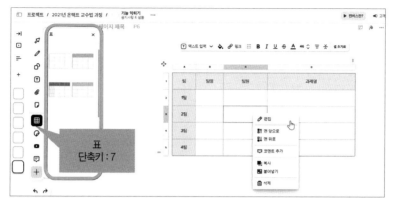

표 삽입

8) 스티커

스티커를 삽입하는 기능으로 단축키는 숫자 8번입니다. 파워포인트에서 아이콘 삽입하는 것과 유사하게 사용할 수 있습니다. 기본으로 제공되는 스티커 외에 다른 것을 찾으신다면 검색창을 활용해보세요. 단, 영어로만 가능한 점 참고해주세요. 구성원이 제시한 의견에 리액션할 때(엄지척, 하트 등), 투표할 때 활용할 수 있습니다. 학습자가 작성한 포스트잇에 살짝 엄지척 스티커를 붙여 놓여 보세요. 프로젝트 팀에 새로운 바람이 불어옵니다.

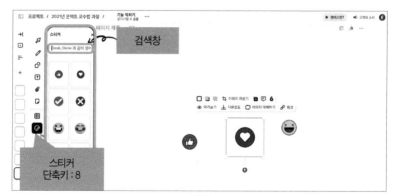

스티커

9) 유튜브

유튜브의 영상 자료를 쉽게 공유할 수 있는 기능입니다. 단축키 숫자 9번입니다. 토의와 관련된 자료에서부터 쉬는 시간에 듣고 싶은 음악까지 검색창을 이용해서 쉽게 검색하고 클릭만하면 편집창으로 업로드 됩니다. 유튜브 검색은 한글과 영어 모두 가능합니다.

유튜브

TIP 검색창에서 검색해도 원하는 영상이 없다면?
새 창을 열고 유튜브 사이트에서 직접 검색하면 더 많은 자료를 찾을 수 있습니다. 원하는 자료를 찾았다면, 링크 주소 복사+붙여넣기(Ctrl+V)로 빠르게 편집창에 업로드할 수 있습니다.

10) 코멘트 추가

구성원이 작성한 자료에 코멘트를 추가할 수 있습니다. 교수자가 학습자의 작업한 내용에 대해서 중간에 개입하지 않고 글로 코멘트를 남길 수 있습니다. 학습자 간에는 동시간대에 미팅할 수 없는 경우 의견 교환 또는 자료에 대해 나중에 작업할 내용을 기록하는 용도로 코멘트를 활용할 수 있습니다.

코멘트 작성에는 2가지 방법이 있습니다. 첫번째 방법으로는, 좌측 툴바의 코멘트 추가 버튼을 누르고(❶) 편집창에서 코멘트하고자 하는 자료(포스트잇, 사진 등) 개체를 선택(❷)하는 방법입니다. 두번째는 원하는 개체에서 오른쪽 마우스 버튼을 눌러 메뉴에서 코멘트를 추가(❸)하는 방법입니다.

[코멘트 추가]를 클릭하면 우측 툴바(❹)가 확장되면서 코멘트 작성란이 생성됩니다.

작성 완료되면 해당 개체에 코멘트가 있다는 것을 표시해주는 숫자(❺)가 표시됩니다.

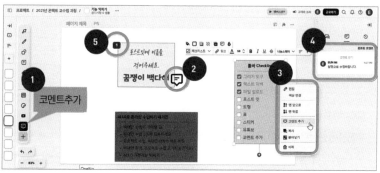

코멘트 추가

11) 화면 크기 조정

좌측 툴바의 가장 하단에 있는 +/- 버튼으로 편집창의 크기를 확대 또는 축소할 수 있습니다. 모니터 화면의 크기에 따라서 편집 화면 전체를 보고 싶을 때, 또는 디테일 내용 확인을 위해 화면을 크게 하고 싶을 때 사용합니다. Ctrl 버튼을 누른 상태에서 마우스 휠을 이용해서도 편집창 크기를 조정할 수 있습니다.

지금까지 좌측 툴바에 있는 기능들을 자세히(너무 자세히) 설명드렸습니다. 글로 설명을 하다 보니 좀 더 자세하게 적게 되었는데, 실제로 수업 시간에 학습자에게 소개할 때는 이렇게까지 하지 않아도 됩니다. 그냥 도구 이름과 "해 보세요"만 하면 됩니다. 도구 버튼이 직관적으로 되어 있기 때문에 그냥 해보도록 하면 됩니다.

실습　오리엔테이션에 사용할 ALLO 기능 소개 페이지를 만들어요.

아래에 보여드리는 샘플을 활용해서 오리엔테이션 페이지를 구성해보세요.

TIP

①페이지 배경 꾸미기

페이지 배경색을 변경할 수 있습니다. 팔레트의 색상 중에서 선택하거나 원하는 이미지 파일을 업로드하여 배경을 꾸밀 수 있습니다.

②고정하기

편집창에 생성된 모든 개체는 마우스로 이동할 수 있습니다. 여러 구성원이 작업하다보면 다른 사람의 작업물도 함께 이동되기도 합니다. 이때 이동을 막기 위한 고정하기 기능이 있습니다. 고정이 필요한 개체를 클릭하면 편집 메뉴바가 생성되는 자물쇠 모양의 버튼을 클릭해서 고정할 수 있습니다. 반대로 고정을 해제할 경우에는 해당 개체를 한번 클릭하면 자물쇠 모양이 생성되면서 고정되어 있음을 알려줍니다. 자물쇠 버튼을 클릭하면 해제됩니다.

페이지 배경 꾸미기 & 고정하기

1) 포스트잇에 이름을 적어주세요.

포스트잇 도구 설명 후에 작성하는 실습 시간을 주는 실습 장표를 만들어 보세요.

포스트잇 실습 장표

2) 코끼리 1마리를 그려주세요.

그리기와 기본 도형 설명 후에 작성하는 실습 장표를 만들어 보세요.

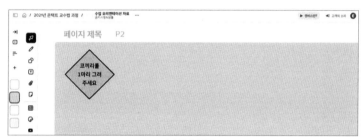

그리기 실습 장표

3) 코끼리를 가져와서 꾸며주세요.

스티커 기능 설명 후에 작성하는 실습 장표를 만들어 보세요.

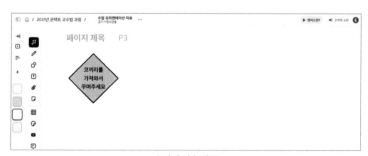

스티커 실습 장표

4) 페이스북, 인스타그램, 유튜브를 공유해주세요.

파일 업로드와 링크 삽입, 유튜브 검색 방법 기능 설명 후에 작성하는 실습 장표를 만들어 보세요.

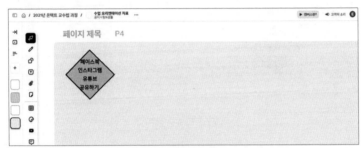

사이트 공유 실습 장표

이제, 학습자가 수업에 활용할 수 있는 기능은 거의 다 알게 되었습니다.

ALLO를 자유롭게 하는 숨어 있는 기능들

참가자 보기

온라인에서 작업하다 보면 ALLO 프로젝트에 현재 몇 명의 학습자가 초대되었는지, 또 이들이 어느 페이지에 머물러 있는지 확인이 필요합니다. 전체 접속자는 ALLO 프로젝트 메인 화면에서 확인할 수 있습니다. 화면의 오른쪽 상단에는 참가자들의 이름 이니셜이 보이는데, 맨 처음에 본인의 이름을 포함해서 최대 4개까지 이니셜이 보이고 초과되는 접속자는 '+숫자'로 표시됩니다. 이니셜 옆에 '+20' 이라고 써 있다면 현재 ALLO 안에 교수자를 포함해서 24명이 접속해 있다는 의미입니다.

프로젝트 참가자 보기

또한 학습팀 멤버가 어느 페이지에서 작업하고 있는지 위치도 확인할 수 있습니다. 동일한 페이지에 있다면 마우스 움직임에 따라서 참가자 이름이 보이기 때문에 확인할 수 있지만, 이름이 보이지 않는다면, 다른 페이지에서 작업하고(또는 헤매고) 있을 수 있습니다. 프로젝트 칸반에서 원하는 캔버스에 들어오면 역시 오른쪽 상단에 참가자의 이니셜이 보이고 이니셜 바로 아래에 숫자가 있습니다. 그 숫자가 바로 학습자가 현재 작업 중인 페이지 숫자입니다. 수업 진행 중에 작업중인 페이지를 찾지 못하거나 엉뚱한 페이지에서 작업하는 학습자를 발견하고 데려올 때 유용한 기능입니다.

페이지 참가자 보기

화면 보기

1) 전체 화면으로 열기

ALLO에서 처음 캔버스를 클릭하면 프로젝트 화면 위로 캔버스가 팝업창과 비슷하게 캔버스 화면이 열리게 됩니다. 이때 캔버스는 팝업창과 같이 보여지기 때문에 화면이 작게 구성됩니다.

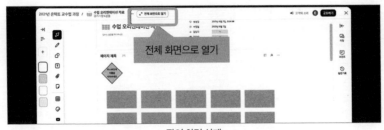

팝업 화면 상태

페이지 상단의 **[전체화면으로 열기]**를 클릭하면 모니터 전체 사이즈로 전환되어 큰 화면으로 작업하기에 용이합니다.

전체 화면 상태

2) 프레젠테이션 모드

좌측 툴바 왼쪽의 페이지 메뉴에서 **[프레젠테이션 모드]** 버튼을 누르면 작업툴이 사라지고 파워포인트의 쇼보기 형태가 됩니다. 이 화면에서는 편집은 할 수 없고 참가자에게 작업 페이지만 보여지게 됩니다. 페이지에 작성된 내용을 발표/공유할 때 유용한 기능입니다.

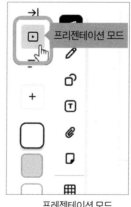

프레젠테이션 모드

프레젠테이션 화면 상태

작업 결과 공유 방법

1) PDF로 내려 받기

캔버스의 좌측 위 경로보기 옆에 캔버스 설정 버튼[...]을 클릭하면 여러 메뉴가 있습니다. 이 중 [PDF 파일 내려받기]를 활용하여 ALLO 작업 결과물을 이후 변경되지 않는 자료로 보관 및 공유할 수 있습니다. 캔버스는 언제든지 접속가능한 상태이기 때문에 따로 자료 보관이 필요한 것은 아니지만 작업 결과물의 수정 없는 상태로 보관하고 싶다면 PDF 파일 저장을 권유합니다. (이 기능은 유료 버전에서만 가능합니다.)

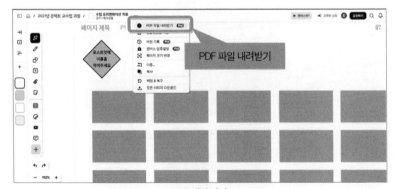

PDF 내려 받기

2) 캔버스 복사

캔버스를 복사하여 본인이 가지고 있는 프로젝트 중 원하는 곳으로 옮겨올 수 있습니다.

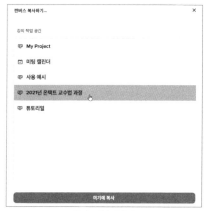

캔버스 복사하기

페이지 보기

1) 페이지 펼치기와 접기

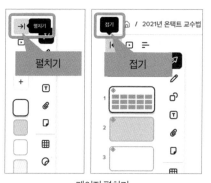

페이지 펼치기

캔버스에 페이지 네비게이션을 활용하면 쉽게 이동 또는 확인할 수 있습니다. 좌측 툴바 왼쪽의 페이지 메뉴에서 **[펼치기]**를 했을 경우 네모난

미니 페이지들이 페이지의 번호와 미리보기 버전으로 바뀌게 됩니다. 어떤 내용인지 어느 정도 확인이 가능해집니다. 스크롤 바나 마우스 휠을 이용해서 페이지 이동할 수 있지만, 페이지가 많은 경우는 페이지 네비게이션을 활용해 보세요.

2) 페이지 관련 설정하기

페이지 설정은 편집창 오른쪽 상단에 배경색 설정 버튼[🖌]과 [...]더보기에서 설정할 수 있습니다.

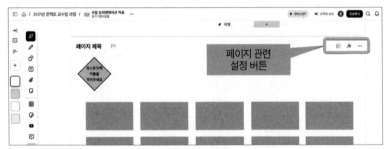

페이지 설정 버튼

① 페이지 프레임워크

빈페이지에서 시작하지 않고 ALLO에서 제공한 서식을 활용할 수 있습니다.

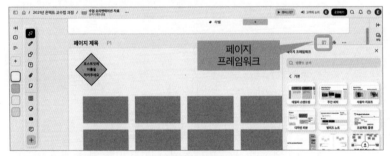

페이지 프레임워크

② 배경색 설정

기본 설정인 흰색 배경을 다양한 색상 또는 외부 이미지를 연결하여 사용할 수 있습니다.

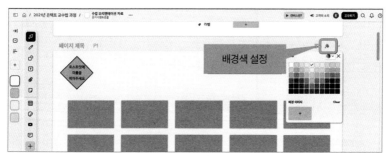

배경색 설정

[...] 더보기의 설정에서 페이지 추가, 제목 설정, 복제 및 복사를 할 수 있습니다.

페이지 설정 메뉴

③ 페이지 제목 설정

페이지에 제목을 입력하면 정확하게 어떤 내용의 페이지인지 확인할 수 있습니다. 교수자가 학습자에게 설명할 제목을 보고 원하는 페이지로 이동하기 용이해집니다.

[...] 더보기의 페이지 설정 메뉴에서 페이지 제목 설정 버튼을 눌러서
변경할 수 있습니다.

페이지 제목 설정 - 더보기 메뉴 선정

또는 페이지 왼쪽 상단의 [페이지 제목]을 클릭하여 페이지 제목 설정창
에서 제목을 변경할 수 있습니다.

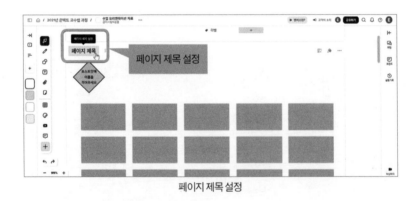

페이지 제목 설정

④ 페이지 복제와 복사

페이지 복제는 현재 작업 중인 페이지와 동일한 내용을 그 다음 페이지
에 추가하는 기능입니다. 페이지 복사는 다른 캔버스, 페이지 등 다른 위

치에 동일한 페이지를 만들 때 쓸 수 있는 기능입니다.

TIP 알로 업데이트를 확인하려면

1. 알로 공식 블로그
   https://blog.allo.io/

2. 유튜브(곽코치의 탐구생활)

ALLO, 프로젝트 수업 활용 노하우 3가지

수업이 유연하면 유연할수록 뜻밖의 상황을 만나기 쉽습니다. 프로젝트 수업의 가장 큰 장점이지만, 교수자로서는 언제 돌발 상황을 만나게 될지 모르는 어려움이 있지요. 그렇다고 교수자가 바로 개입하기도 어렵습니다. 교수자가 조금만 개입해도 프로젝트 수업은 그냥 과제만 많은 수업이 되어버립니다. 온택트에서 학습자들이 온전히 프로젝트에 몰입하도록 하는 방법은 없을까요? 교수자의 개입을 최소화하는 방법은 없을까요? 온택트에서 학습자들을 위해 알로를 활용하는 3가지 노하우를 알려드립니다.

공유 방법에 따라 상호 작용이 달라집니다. Interaction Design

온택트에서 가장 확실한 기능 중 하나는 정보를 나누어 담아 제공할 수 있다는 것입니다. 오프라인 수업에서는 옆에서 어떤 이야기를 하는지 다 들려 비밀유지가 안될 때도 있고, 반대로 함께 공유하려고해도 자료를 공유하기가 쉽지 않았습니다. 하지만 온택트의 장점은 협업이나 공유 권한을 조절할 수 있다는 것입니다. 간단히 말하자면 모두 공유해야 하는 자료는 서로 공유하고, 팀끼리 깊게 파고들어야 하는 자료는 팀내로 제한할 수 있습니다.

기억나시나요? 알로는 3가지 레벨로 구성이 되어 있습니다. 협업 공간인 '캔버스', 캔버스의 모음인 '프로젝트', 프로젝트의 모음인 '워크스페이스'입니다. 알로에서는 3가지 레벨에 따라서 구분해서 학습자들을 초대할 수 있습니다. 결론부터 말씀드리면 교수자와 학습자의 상호 작용 디자인은 '캔버스'와 '프로젝트'의 공유를 결정하는 두 가지가 가장 크게 영향을 미칩니다. 지금부터 전체 30명, 6명씩 5팀으로 구성되어 있는 수업을 진행한다고 했을 때를 예시로 살펴보시죠.

첫째, 하나의 협업 공간 '캔버스'에 30명을 동시 초대하는 것은 역동성과 전체의 상향 평준화를 위한 공유에 적합합니다. 초반에 주제의 범주를 합의한다던지, 다양한 의견이 필요할 때 30명의 의견이 캔버스에 보일 때가 5~6명의 의견이 보일 때보다 훨씬 활동감을 느낄 수 있을 것입니다. 또한 투표 결과를 통하면 집단 지성과 함께 전체를 위한 의사 결정을 하기도 어렵지 않을 것입니다. 정리하자면, 모두가 함께 해야 할 때는 '캔버스'에 초대하라는 것입니다.

둘째, 캔버스의 모음인 '프로젝트'에 초대하는 것은 단기 과정이 아닌 여러 번 만나는 과정에서 유효합니다. '프로젝트'에 초대를 하게 되면 참가자는 자유롭게 프로젝트 속의 여러 캔버스를 돌아다닐 수 있게 됩니다. 다른 팀이 작업한 캔버스 역시 볼 수 있으며 자유롭게 넘나들 수 있다는 장점이 있습니다. 물론 비밀을 유지하고 싶은 팀은 공유받은 캔버스 이외의 별도 캔버스를 만들 수도 있습니다. 긴 차수의 수업에서 매번 링크를 주는 불편함도 사라지고, 학습자들에게 언제든지 새로운 캔버스를 제공하고 싶다면 '프로젝트'를 공유해주는 것이 효과적입니다.

마지막으로 프로젝트의 모음인 '워크스페이스'입니다. 워크스페이스를 공유하는 것은 한 마디로 교수자와 같은 레벨의 권한을 갖게 된다는 뜻입니다. 보통의 수업에서는 잘 쓰이지 않으며 오히려 유사한 프로젝트 수업을 함께 하는 교수자들끼리 공유할 때 유용합니다. 유료 사용자들은 워크스페이스에 초대된 사람의 수만큼 비용이 책정되니 학습자들과 공유할 일은 거의 없을 것입니다.

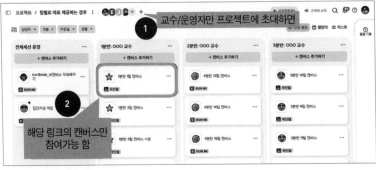

하나의 캔버스에는 하나의 논리만 담으세요. One Canvas

비대면 환경에서의 수업은 대면에서의 수업과 달리 학습자들이 집중하고 있는지 알기 어렵습니다. 대면에서는 학습자가 공통적인 행동 양식을 보이기 때문에 어떤 행동에 대한 이유가 쉽게 이해됩니다. 하지만 비대면에서는 모든 학습자가 모두 다른 환경에서 활동을 하고 있지요. 공통 행동 양식을 발견하기 어렵습니다. 이런 상황에서 교수자는 어떻게 집중을 이끌어 내야 할까요? 여기서 가장 중요한 것은 집중할 수 있는 과업을 명확히 제공하는 것입니다.

집중의 정의가 무엇인가요? '하나의 과제나 대상에 주의를 기울이는 것'입니다. 하지만 이것은 학습자가 집중을 컨트롤할 수 있을 때의 정의일 것입니다. 학습자 외부에서 바라본 학습의 정의는 '필요한 자극만 남고 나머지는 제거된 상태'가 됩니다. 실마리가 등장했나요? 교수자도 비대면 환경에서 학습자들에게 지식 전달, 도구 제공, 과제/미션 설명 등 많은 것을 해야 하지만, 학습자 입장에서도 프로젝트 수업은 지식 전달 수업에 비해서 생각해야 할 것이 많습니다. 그렇기 때문에 학습자에게 주는 자극을 최소화해야 합니다. 가능하면 학습에 가장 중요한 단 한 가지만 남기는 것이 좋을 것입니다. 바로 캔버스를 활용해서 말입니다.

비대면 환경에서 집중을 이끌어 내는 전략은 바로 캔버스 한 장, 한 장을 하나의 의사결정만 집중할 수 있도록 단계별로 나누어 주는 것입니다. 또한 캔버스에 그들이 수행해야 할 미션이 명확하게 적혀 있다면 더욱 좋습니다. 잠시 집중을 놓쳤다 하더라도 금방 본궤도로 다시 돌아올 수 있을 것입니다.

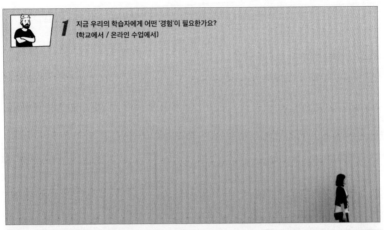

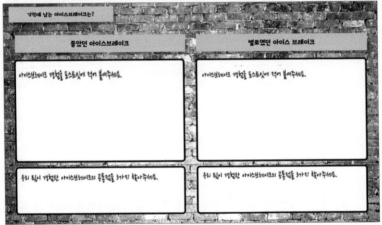

한 장의 캔버스에는 하나의 논리만을 담아서 집중하도록 하자

적극적 참여를 이끌어내는 3가지 활동 유형 설계

온택트 프로젝트 수업은 상호작용이 핵심입니다. 단순히 채팅이나 손으로 Yes/No를 표현하는 것을 말씀 드리는 것이 아닙니다. 학습자가 참여를 통해 교수자 혹은 콘텐츠와 호흡하며 학습내용을 발전시켜 나가야 합니다. 참여를 이끌어 내는 활동을 설계해야 하는 것은 온택트 프로젝트 수

업의 필수 역량입니다. 미국의 심리학교수 A. 웨이드 보이킨은 수업에 참여하는 활동을 3가지로 나눠서 설명합니다. 하나씩 살펴보며 우리 수업의 활동을 준비해보겠습니다.

첫 번째, 행동참여입니다. 이는 정해진 활동을 규칙대로 참여하는 방법으로 질문 및 답변, 빈칸 채우기, 토론 등 명확한 행동을 요구하는 방법으

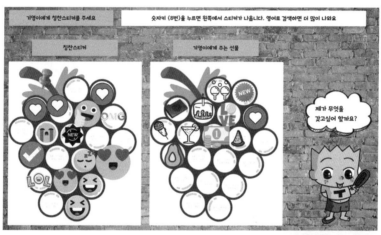

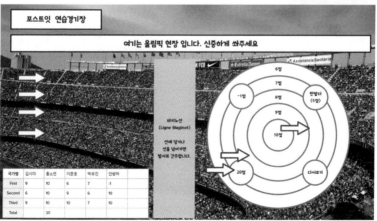

행동참여의 예시 : 정해진 활동 규칙대로 참여

로 진행됩니다. 교수자 입장에서는 참여의 정도를 파악하기 매우 유용하며 다수의 학습자가 함께 참여하는 경우 다른 학습자를 살필 수 있어서 활동에 몰입할 수 있고, 경쟁심도 유도할 수 있습니다.

두 번째, 인지참여입니다. 새롭거나 복잡한 질문을 이해하는 활동이 포함됩니다. 단순한 행동참여가 반복될 경우 학습자들은 학습으로 인한 활동감을 전혀 느낄 수 없으며 지루하게 여길 것입니다. 다양한 수준의 활동을 통해 자신의 사고와 판단을 교수자 그리고 동료 학습자들과 교환하도록 설계하는 것이 중요합니다. 인지참여에서 가장 중요한 것은 난이도의 조절입니다. 특정한 콘텐츠가 무조건 인지참여를 돕는다기보다. 학습자의 상태에 따라서 다르게 판단해야 합니다. 교수자는 학습자들의 과제 수행의지와 능력을 수업 중간에 체크하며 다음 과제에 대한 난이도를 조절할 수 있는 단서를 찾아내는 것이 필요합니다.

인지참여의 예시 : How Might We 기법

마지막으로 정서참여입니다. 수업 자체에 대한 호기심, 즐거움과 같은 태도를 의미합니다. 교수자가 제공한 과제가 학습자의 관심을 이끌 수 있는 내용이거나, 난이도가 학습자가 수행할 수 있지만 너무 쉽지않은 단계에 있을 때 긍정적인 태도가 형성됩니다. 정서참여를 위해서는 학습자들의 표정이나 과업수행 결과들을 관찰하는 것이 필요합니다. 만약 과제의 중요성을 인지하지 못하고 있는 경우 학습자의 삶과 연관된 의미를 부여하거나 변경 할 필요가 있으며 즐거움이 떨어지는 경우 게임으로 학습을 구성하는 게이미피케이션Gamification과 같이 흥미 요소를 활용할 필요가 있습니다. 만약 정서참여가 떨어진다면 학습자들은 지루함에 프로젝트를 포기할 수 있으니 매우 중요한 요소라 할 수 있습니다.

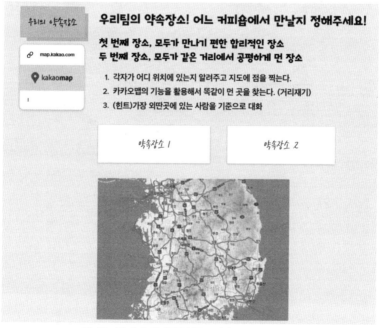

정서참여의 예시 : 실재감을 북돋는 가상의 약속장소 잡기

ALLO!
프로젝트
수업 7단계

- ☑ 1단계 온택트 프로젝트 수업 초대 - ALLO! Project!
- ☑ 2단계 학습 기반 다지기 - Learning Consence
- ☑ 3단계 문제와 고객 공감 - Empathize Problem
- ☑ 4단계 과제 정의와 포커싱 - Define Problem
- ☑ 5단계 해결 아이디어 도출 - Ideation
- ☑ 6단계 프로토타입 & 테스트 - Prototype & Test
- ☑ 7단계 회고 - Retrospective

．
．
．

탁월한 능력은 새로운 과제를 만날 때마다
스스로 발전하고 드러내는 법이다.
Great ability develops and reveals it self
Incresingly with every new assignment

발라자르 그라시안

7 Step with Design Thinkng

01 온택트 프로젝트수업 초대

학습자 사전 안내, ALLO 가입 및 초대
팀 구성을 위한 사전조사, 상호 소개

02 온택트 학습기반 다지기

ALLO 익히기, 팀 만들기
프로젝트 수업 주제선정

03 문제와 고객공감

고객 공감(감정지도, 여정지도)
고객 미팅(인터뷰, 관찰), 결과 정리

04 과제 정의와 포커싱

P.O.V Statement, HMW 질문
핵심과제 도출

05 해결 아이디어 도출

아이디어 발산 도구
아이디어 수렴 도구(분류와 결정)

06 프로토타입 & 테스트

프로토타입 유형 결정
프로토타입 제작, 테스트 계획 및 실행

07 회고(Retrospective)

발표 팀 구성 및 결과 공유
상호 피드백 및 과정 회고

[1단계 : 온택트 프로젝트 수업 초대]
Allo! Project!

이번 장에서는 ALLO 상에서 프로젝트 수업을 어떻게 운영하는 지에 안내드리겠습니다. 프로젝트를 이끌어가는 문제해결 프로세스는 앞서 소개한 디자인씽킹 5단계를 활용해서 온택트 수업 운영에 적합하도록 7단계로 수업 계획서를 설계했습니다. ALLO에서 팀 프로젝트를 어떻게 준비하고 진행되는지 위주로 설명드리지만 이는 이해를 돕기 위한 기본 예시입니다. 수업을 진행하는 교수자와 학습자의 환경에 따라서 얼마든지 응용해서 활용해 주시기 바랍니다.

온택트 프로젝트 수업에서 첫 수업은 매우 중요합니다. 학습자에게는 생소한 수업 운영 방법이라서 수업 시간에 어떤 일들이 진행되는지 머릿속에 그려지지 않기 때문에 막연한 두려움이 있을 것입니다.

2020년 어느 연구팀에서 코로나19로 비대면 수업을 경험한 대학생들의 수업 에세이를 수집하여 연역적 내용 분석을 하였습니다. 그 결과를 토대로 대학에서의 효율적인 비대면 수업 운영을 위한 교수 전략을 6개 영역에서 43개의 키워드로 도출하였습니다.

6대 영역은 '수업 준비, 수업 내용, 수업 운영, 수업 자원, 상호 작용, 평가 및 과제'입니다. 특히 눈여겨볼 점은 수업 준비 영역에서의 철저한 사전 계획, 사전 안내 2개의 범주에서 툴 안내, 리허설 진행, 개강 전 공지, 학기 중 공지 등 4개의 키워드가로 도출된 점입니다. 가장 높은 빈도를 보인 것은 '개강 전 공지'로 나타났습니다. 갑작스런 비대면 수업으로 전환되면서 높은 불안감을 보였으나 개강 전 강의계획서나 게시판, 단체 채팅방 등을 통해서 상세한 강의 운영 방식이 공지되었을 때 수강을 대비할 수 있었던 것으로 분석됩니다.

결과적으로 수업 운영과 관련된 정확하고 구체적인 정보를 제공하는 것이 체계적인 수업 운영이 가능하게 하고 학생들이 해당 수업을 효과적으로 인식하는데 기여하는 것으로 볼 수 있습니다. 따라서 학기의 첫 수업을 준비하고 안내하는 오리엔테이션 시간은 어느 수업 시간보다 중요합니다. 학습자 입장에서 생각하며 구체적이고 철저한 준비가 필요하겠습니다.

영역	범주	키워드	빈도	교수전략 주요 내용
수업 준비	철저한 사전 계획	툴 안내	4	• 프로그램 다운로드 설치 안내
		리허설 진행	3	• 강의에 활용할 프로그램 사전 테스트 • 상세한 수업 시나리오를 구성하고, 시뮬레이션 시행 • 카메라, 마이크, 조명, 태블릿 컴퓨터 등 기자재 확인
	사전 안내	개강 전 공지	28	• 수정된 강의 계획서 업로드 • 개강 이전에 다양한 창구를 통해 수업 진행 방식 공지 • 출석, 지각, 결석에 대한 기준을 명확히 설명 • 강의 영상 분량, 길이 등에 대해 학생들에게 안내 • 온라인 수강 시 유의점 및 플랫폼 사용 안내
		학기 중 공지	10	• 수업 시간 전에 메시지로 수업 준비 알림 • 다양한 창구를 통해 공지 • 새로운 공지사항을 강의 영상 '인사말' 부분에 포함하여 녹화

비대면 수업으로의 재구조화를 위한 교수 전략에서 재인용

학습자 사전 안내

앞의 연구 결과에서 보듯이 사전 안내에서 학습자가 가장 많이 언급한 키워드는 개강 전 공지입니다. 학습자가 교육 환경을 점검하고 준비할 수 있도록 개강 전에 사전 안내를 해야 합니다. 학습자 안내에 필수 내용만 담은 샘플입니다. 참고하여 안내해 주세요.

CHAPTER 3의 ALLO 기본 기능에서 설명했듯이, ALLO는 웹기반 툴로 별도의 프로그램을 설치할 필요가 없습니다(스마트폰은 앱 설치 필요). 다만 안정적인 사용을 위해서 크롬 또는 네이버 웨일, 마이크로 소프트의 엣지 브라우저를 사용할 수 있도록 안내하는 것을 잊지 않기를 바랍니다. 타 브라우저를 사용하는 경우, 사이트가 열리지 않거나 멈추는 등 사용에 제한이 있어 수업 첫 시작부터 교수자와 학습자 모두 혼란의 시간을 보내게 될지 모릅니다.

To :   Cc   Bcc

Subject :

수업 전 준비해야 할 5가지 안내드립니다.

1. 준비물 : PC(노트북, 데스크 탑, 태블릿 중 1가지), 마우스, 마이크가 포함된 이어폰, 수업에
   집중할 수 있는 조용한 공간

2. 브라우저 확인 : 아래의 3개 브라우저 중 선택하여 사용합니다.
   ① 구글의 크롬 / ② 네이버 웨일 /③ 마이크로소프트 엣지
   (타 브라우저 사용 시 브라우저 설치 및 업데이트 필수)

3. 수업 활용 플랫폼 : ZOOM(추후 참여 링크 공유 예정)

4. 온라인 협업 툴, ALLO 회원 가입
   - ALLO 홈페이지 : https://allo.io/
   - 회원 가입 설명은 아래 소개 글 또는 영상 참고
     · 소개 글 - https://brunch.co.kr/@chemsfc80/5
     · 참고 영상 - https://www.youtube.com/watch?v=lOslzy4Z9YM&t=123s

5. 회원 가입이 어려운 경우, 수업 시작 10분 전에 와서 교수자와 함께 준비할 수 있습니
   다. 편한 마음으로 만나기를 바랍니다.

오리엔테이션 단계에서 첫 수업은 ALLO 설치 여부 확인과도 해야 하고 예기치 못한 다양한 문제 발생 가능성이 가장 높으므로 수업 시간을 여유 있게 계획하는 것이 좋습니다. 갑자기 교수자의 온라인 상태가 좋지 않을 수 있고, 미처 안내문을 확인하지 못하고 수업에 들어와 디바이스가 제대로 준비되지 않은 경우, ALLO 회원 가입 중에 어려움이 있어 멈춰 있는 학생 등 다양한 트러블 슈팅과 함께 해야 하는 시간입니다. ALLO 활용에 대한 트러블 슈팅만 하다가 자칫 중요한 첫 시간을 혼란으로 보낼 수 있으니 수업을 2개의 세션으로 구성하고, 첫 번째 세션에서는 수업 전반에 대한

안내, 두 번째 세션에서 ALLO에 대한 안내로 진행하도록 해 주세요.

첫 수업에서 해야 할 5가지(★ : 필수, ☆ : 다음 시간에 해도 무방)

① 주차별 강의 안내(★)

② 프로젝트 수업 안내(★)

③ ALLO 가입 및 수업 프로젝트 초대(★)

④ ALLO 익숙해지기(☆)

⑤ 팀 구성을 위한 조사(★)

주차별 강의 안내 ❶

학습자에게 주차별 강의 계획을 안내합니다. 이번 수업을 통해 무엇을 배우게 되는지, 그리고 프로젝트 수업 방식을 통해서 어떤 경험을 하게 되는지에 대한 설명이 필요한 시간입니다. 학습자에게는 주차별 진행 프로세스상의 용어가 생소할 수 있어 이에 대한 설명이 필요합니다. 교수자가 첫 수업에서 가장 많이 신경써야 할 부분은 학습자가 어떻게 하면 이 수업에 흥미를 가지고 참여하게 할 수 있을까일 것입니다.

강의 계획서를 미리 보고 수업에 참여한 학습자는 프로젝트 수업 운영 방식에 대한 기대감을 가지고 수업에 참여했을 것입니다. 또한 이번 과목에서 무엇을 배우게 될지, 어떤 경험을 하게 될지에 대한 궁금증도 있을 것입니다. 따라서 과목의 내용contents에 대한 설명과 운영하는 방법process & tool에 대한 설명, 그리고 이것들을 통해서 학습자에게 어떠한 유익이 발생하는지를 안내합니다.

과목 내용에 대한 설명(Contents)		운영 방법에 대한 설명(Process & tool)
이 과목에서 배우는 지식 실생활에서 연결되는 지식		협업 도구 : ALLO 프로젝트 문제해결 프로세스 : 디자인씽킹 팀 의사소통 스킬

구분	내용	Activity	비고(준비물 등)
0주	수업 안내	• 학생준비물 : PC, 이어폰, 마우스 • ALLO 가입 안내 : 브런치 글/유튜브 영상 공유	• 출석부 확인 • ALLO 가입 안내 메일 발송 • 온라인 소통방(SNS만들기)
1주	1단계 온택트 프로젝트 수업 초대 • 수업 오리엔테이션	• 교수학습 계획서 안내 • 프로젝트 수업 소개 • ALLO 가입 및 프로젝트 초대 • 상호 소개 • 수업에 대한 기대 사항 공유 과제) 성찰 일지 및 수업 내용 피드백	• 줌 소회의실 기능 활성화 • 아이스 브레이크 : 상호 소개, 수업에 대한 질의 • 성찰 일지 • 수업 내용 피드백 : 구글 설문지
2주	2단계: 학습 기반 다지기 • 팀 편성 안내 및 팀 빌딩 • 프로젝트 주제 선정	• ALLO 기능 익히기 • 팀 편성(주제별/유형별) 및 팀 빌딩 • 디자인씽킹의 5단계 프로세스 미니 체험 워크숍 • 디자인씽킹 개념(D.T) 정리 • 동영상 시청과 피드백 : 우리 학교 버스정거장 이용 고객 인터뷰 • 프로젝트 주제 선정 및 학습계획 수립 과제 1) 성찰일지 및 수업 내용 피드백 과제 2) 팀빌딩 활동 결과 올리기(ALLO)	• 강의용 PPT • 동영상 자료(D.T 소개 영상) • ALLO 캔버스 : 팀 빌딩, 주제 선정 • 성찰 일지 • 수업 내용 피드백 : 구글 설문지
3주	3단계: 문제와 고객 공감 • 프로젝트 주제 선정 결과 공유	• 팀 빌딩 결과 공유 및 피드백 : 3분 스피치 • 팀워크를 위해 우리가 해야할 것은? • 주제 관련 학습 결과 공유 • 프로젝트 주제 확정 과제) 성찰 일지 및 수업 내용 피드백	• 강의용 PPT • ALLO 캔버스 : 주제 관련 학습결과 • 수업 내용 피드백 : 구글 설문지
4주	• 고객 공감 • 인터뷰 방법	• 사전 고객공감 • 인터뷰 skill (with_NGT) : 경청과 질문 수업 • 인터뷰 프로토타입 진행(고객 빙의) • 인터뷰 질문지 완성 과제 1) 성찰 일지 및 수업 내용 피드백 과제 2) 고객 인터뷰 해오기	• 강의용 PPT • ALLO 캔버스 : 이해관계자 지도, 페르소나 작성, 감정지도 또는 여정지도, 인터뷰 질문 작성, 현장 방문 계획 작성 • 수업 내용 피드백 : 구글 설문지
5주	4단계: 과제 정의와 포커싱 • 과제 정의하기	• 고객 인터뷰 결과 정리 • 핵심니즈 도출 및 인사이트 공유 • 다양한 관점에서 문제 정의 과제) 성찰 일지 및 수업 내용 피드백	• 강의용 PPT • 관점 전환용 질문 • ALLO 캔버스 : 디브리핑, 문제 정의(P.O.V) • 수업 내용 피드백 : 구글 설문지

구분	내용	Activity	비고(준비물 등)
6주	과제 정의와 포커싱 • 과제 정의하기	• 각 팀별 미팅 : 과제 진척도 체크 과제1)성찰 일지 및 수업 내용 피드백 과제2) (필요시) 추가 인터뷰 진행	• 팀별 교수 연구실 방문 일정 수립 • ALLO 캔버스 : HMW • 수업 내용 피드백 : 구글 설문지
7주	5단계: 해결 아이디어 도출(1) • 아이디어 발산 • 아이디어 수렴	• 창의력 향상 활동 수업 • 문제해결 IDEA탐색 : 발산 및 수렴 과제1) 성찰 일지 및 수업내용 피드백 과제 2) 아이디어 수렴 완성하기	• 강의용 PPT • 프로토타입 제작 도구 준비 안내 • ALLO 캔버스 : 브레인스토밍, 브레인라 이팅, 디딤돌, 친화도법, 의사결정 그리드 • 수업 내용 피드백 : 구글 설문지
8주	해결 아이디어 도출(2) • 아이디어 공유 및 피드백	• 아이디어 도출 결과 공유 : 갤러리워 • 타 팀의 아이디어 추가 과제1) 성찰 일지 및 수업 내용 피드백 과제 2) 프로토타입용 도구 준비 과제 3) 기타 미진한 부분 과제로 제시	• 강의용 PPT • 수업 내용 피드백 : 구글 설문지
9주	6단계: 프로토타입과 테스트(1) • 프로토타이핑	• 확정 아이디어 결과 공유 • 프로토타입 제작 과제1) : 성찰 일지 및 수업 내용 피드백 과제2) : 기타 미진한 부분 과제로 제시	• ALLO 캔버스 : 프로토타이핑 • 수업 내용 피드백 : 구글 설문지
10주	프로토타입과 테스트(2) • 테스트 • Field Trip	• 프로토타이핑 제작 내용 공유 • 1차 테스트 : 학습팀간 공유 과제1) 성찰 일지 및 수업내용 피드백 과제 2) 기타 미진한 부분 과제로 제시	• ALLO 캔버스 : 프로토타이핑, 테 스트 계획 수립 • 수업 내용 피드백 : 구글 설문지
11주	프로토타입과 테스트(3) • 수정 프로토타이핑	• 프로토타입 수정 제작 • 2차 테스트 : 현장 실습 계획 과제1) 성찰 일지 및 수업 내용 피드백 과제 2) 고객 테스트 준비	• ALLO 캔버스 : 프로토타이핑, 테 스트 계획 수립 • 수업 내용 피드백 : 구글 설문지
12주	프로토타입과 테스트(4) • 테스트 • Field Trip • 프로토타입 피드백 받기	• 각 팀별 현장 피드백 받기 • 지도 교수와 진행 사항 체크 미팅 과제1) 성찰 일지 및 수업 내용 피드백 과제 2) 현장 피드백 결과 정리	• ALLO 캔버스 : 프로토타이핑&테 스트 • 수업 내용 피드백 : 구글 설문지
13주	• 프레젠테이션 작성 및 리허설	• 현장 테스트 결과 공유 및 피드백 • 발표 프레젠테이션 준비(Blank Chart) • 리허설 및 피드백 과제1) 성찰 일지 및 수업내용 피드백 과제2) PPT 수정 및 투자 대회 준비	• ALLO 캔버스에 PPT Link • (기관) 투자자 섭외 • 수업 내용 피드백 : 구글 설문지
14주	• 프로젝트 결과 공유 및 투자대회	• 프로젝트 최종 발표(축제의 장) • 투자 대회 과제1) 성찰 일지 및 수업내용 피드백	• (기관) 투자자 참석 독려 • ALLO캔버스 : 질의 응답 및 피드백 • 기관투자자용 평가표(구글설문지) • 개인투자자(학습자)용 평가표(구글설문지) • 수업 내용 피드백 : 구글 설문지
15주	7단계 성찰	• 투자 대회 결과 시상식 • 한 학기 수업 성찰	• 성찰용 도구(카드) • 한 학기 성찰 일지 • ALLO 캔버스 : 회고 • 온라인 상장 만들기

15주차 수업 계획

수업 운영 방법으로써 프로젝트 수업 안내 ❷

수업 운영 방법으로서 프로젝트 수업이 가지는 의미를 설명해주세요. 프로젝트 수업의 의미와 한 학기 수업을 마쳤을 때 학습자로 하여금 무엇이 남게 되는지에 대해, 프로젝트 수업의 장점과 프로세스를 소개합니다.

러닝 퍼실리테이션 TIP

프로젝트 수업은 일반 수업과 수업 운영 방식, 평가, 학습자 참여 정도 등 다른 점이 많이 있습니다. 학습자의 참여도와 역할이 많아지는 만큼 프로젝트 수업을 통해서 학습자가 교과목 학습 외에 어떤 것을 얻을 수 있을지 이야기해주세요. 학습자에게 강력한 동기부여는 '이것이 나에게 어떤 혜택(문제해결이나 기술 습득 등과 같이 명확한 혜택)을 줄 것인지' 명확하게 주인공의 실생활과 밀접한 것으로 연결시켜 주는 것입니다. 이 수업에 학습자 본인에게 어떤 의미가 될 것인지를 명확하게 알려주세요.

ALLO 가입 및 수업 프로젝트 초대 ❸

수업 중 팀원들과의 토의 내용을 기록하고 만들어가기 위한 온라인 협업 도구 ALLO를 소개합니다. 학습자의 ALLO 회원가입 정도를 확인하고 미가입된 학습자의 가입을 지원합니다. 무작위로 팀을 구성하고 팀 안에서 ALLO 가입 절차를 진행합니다.

가입이 완료되면 학습자를 수업 ALLO 프로젝트에 초대합니다. 초대는 학습자의 이메일 주소로 초대하는 것과 ALLO 프로젝트 링크를 학습자에게 보내서 링크를 클릭하여 들어오게 하는 2가지 방법이 있습니다. 링크로 초대하는 경우는 링크 주소를 단체 문자나 실시간 대화창에 올려서 쉽게 안내할 수 있는 장점이 있는 반면, 링크 주소가 외부로 노출되는 경우 수업을 신청하지 않은 학생들도 접근할 수 있다는 단점이 있습니다. 반면 학습자의 이메일 주소로 초대하는 경우는 학습자 아이디(ALLO 가입 이메일 주소)를 일일이 취합해서 ALLO 초대란에 기록해야 하는 수고로움은 있지만, 지정한 학습자만 프로젝트에 참여할 수 있기 때문에 외부자 걱정없이 inner-circle로 진행할 수 있는 장점이 있습니다.

ALLO 프로젝트 초대시 유의할 점

ALLO 프로젝트 생성시 학습팀별 작업 캔버스를 타 팀과 공유할 것인지 비공개로 해야할 것인지를 먼저 결정해야 합니다. 팀별 수업 평가로 팀간 진행 내용을 비공개로 해야 할지, 프로젝트 수업의 특성상 상호 학습을 극대화하기 위해 팀간 공유가 가능하게 것인지를 판단해서 설계해야 합니다.

- 학습팀간 공유 가능한 경우 : ALLO 프로젝트 안에 학습팀 모두를 초대함
- 학습팀간 공유하지 않는 경우 : ALLO 프로젝트의 학습팀별 캔버스별로 학습팀을 초대함

ALLO 익숙해지기 ❹

온라인으로 수업을 할 때 수업 안에서 진행되는 많은 활동들이 ALLO 안에서 이루어집니다. 따라서 한시라도 빨리 ALLO에 익숙해질 수 있도록 하는 것이 중요합니다. 가입하는 첫 단계에서부터 학습자간 소요 시간이 다르고 학습자별로 다양한 형태의 어려움이 있을 수 있습니다. 하지만 교수자가 모든 학습자의 문제를 해결하기에는 시간적, 물리적 여유가 없습니다. 따라서 소그룹 팀 활동을 통해 상호학습하면서 문제해결도 먼저 경험할 수 있도록 합니다. 교수자는 명확한 미션과 팀 활동 시간을 제공하고 기다리면 됩니다. (상세한 가입 절차는 [chapter 3.2. Allo 시작할 준비 되셨나요?]를

참고해주세요.) 학습팀원들은 첫 시간이기 때문에 자칫 긴장하고 어색할 수 있습니다. 상호 학습을 통해 수업에 활기를 불어넣고 ALLO에 익숙해지는 시간으로 활용해주세요.

ALLO의 대표 기능을 활용하여 학습자가 소개를 진행합니다. 몇 가지 기능만으로도 ALLO를 원활하게 쓸 수 있다는 것을 학습자에게 알려줍니다. 자연스럽게 기능도 익히면서 학습자가 서로 상호 활동할 수 있도록 합니다.

러닝 퍼실리테이션 TIP

대부분의 학습자들이 온라인에 익숙하고 또 빠르게 습득하기 때문에 이 시간을 걱정하지 않으셔도 됩니다. 따라서 일일이 설명하지 않고 약간의 정보와 시간을 주고 각자가 스스로 헤쳐나올 수 있도록 경험을 쌓는 시간을 갖도록 기다려 주세요. 개개인의 온라인 환경과 스마트기기 환경에 따라서 가입 시간이 달라질 수 있습니다. 먼저 가입한 학생이 어려움이 있는 학생을 도와줄 수 있도록 연결해 주는 것도 방법입니다. 소그룹에서도 해결되지 않는 경우에만 도움을 주면 됩니다. 학습자가 공유 문서함에서 프로젝트를 찾았다면, 거의 다 온 것입니다. 축하해주시고 본격적으로 ALLO안에서 수업을 진행합니다.

1)포스트잇 기능을 활용한 출석 확인

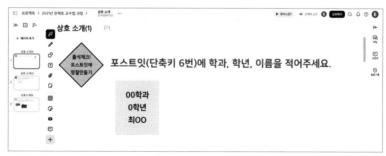

포스트잇 기능 활용

좌측 툴바의 포스트 잇(단축키는 숫자 6번)을 활용하여 학습자 명찰을 만들어 봅니다. 포스트잇 안에는 소속 학과, 학년, 이름을 적도록 합니다. 텍스트 입력할 때 글자체, 크기, 색상 등 텍스트 서식을 변경할 수 있는 기능도 함께 소개해 주세요. 학습자들의 각양각색의 개성을 살린 명찰을 서로 확인할 수 있습니다.

2) 도형 활용하여 수업 참여 동기, 기대, 궁금한 점 등 적기

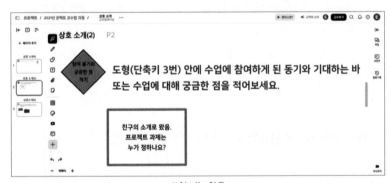

도형 기능 활용

좌측 툴바의 도형(단축키는 숫자 3번)을 활용하여 질문 보드를 만들어 봅니다. 원하는 도형을 고르고 텍스트를 입력할 수 있습니다. 도형 테두리 색상 및 두께, 도형 배경색 등 도형의 서식 기능에서 변경할 수 있습니다.

로 하여금 꼭 답변 듣고 싶은 질문에 👍 표시를 할 수 있도록 안내해 주세요. 스티커로 서로의 의견에 대해 피드백하고 학습자간 상호 작용하는 경험을 이끌어낼 수 있습니다.

3) 다양한 업로드 기능으로 자료 공유하기

업로드 기능 활용

좌측 툴바의 파일 업로드(단축키는 숫자 5번)기능을 이용해서 학교에서 본인이 가장 좋아하는 곳 사진을 올려보도록 합니다. 링크 복사하기 기능으로 요즘 자주 보는 SNS(유튜브, 블로그 등) 링크를 올려 공유하도록 합니다. 온라인 교정 돌아보기, 쉬는 시간에 함께 들을 음악 등을 이번 페이지에서 나눌 수 있습니다.

러닝 퍼실리테이션 TIP

학습자가 추천하는 음악을 공통 수업 시간 전, 중간 쉬는 시간에 틀어주세요. 음악이 수업 분위기를 딱딱하지 않게, 또는 에너지 레벨이 떨어지지 않게 도와준답니다.

팀 구성 안내 및 구성표 작성 ❺

프로젝트 수업에서 팀 역할의 중요성은 앞서 Chapter 2에서 설명드렸습니다. 팀 구성원들이 다양하게 구성될 수 있도록 팀 편성을 위한 사전 조사표를 학습자에게 작성하도록 합니다. 이 데이터를 토대로 학습팀 구성을 진행합니다. 참고할 수 있는 표준 팀 구성 사전조사 항목은 다음과 같습니다.

인적 사항	성명:		(남, 여)	생년월일:		(만 세)
	Mobile :			E-mail		
		학과(부)	학년	군필여부 (남학생)	(필 , 미필)	
과목 관련 정보	00 · 00관련 기 수강과목	과목명(1) ( ) 과목명(3) ( )		과목명(2) ( ) 과목명(4) ( )		
	본 과목 흥미 정도	높은편 ( )		보통 ( )	낮은편 ( )	
역량 관련 정보	컴퓨터 (Word, Power-point, Excel)	높은편 ( )		보통 ( )	낮은편 ( )	
	Internet 활용	높은편 ( )		보통 ( )	낮은편 ( )	
	팀 리더십	높은편 ( )		보통 ( )	낮은편 ( )	
	프리젠테이션	높은편 ( )		보통 ( )	낮은편 ( )	
수업선택 동기	교수님의 강의를 듣고 싶어서 ( ) 시간표 조절 ( ) 기타 (			주변인의 권유 ( ) 학교 신문을 보고 ( ))		
교수에 대한 건의 사항						

팀 편성을 위한 조사표

팀 편성 조사표에는 크게 기본 인적 사항과 과목 관련 기수강 정도와 흥미 정도, 컴퓨터, 프리젠테이션 등 역량 정도, 수업 선택 동기에 대해서 작성할 수 있도록 합니다. 이 정보를 토대로 한 팀의 구성원들이 성별, 역량별로 균등하게 섞일 수 있도록 구성합니다. 교수자의 판단하에 팀 편성에 필요한 항목이 있다면 추가 또는 삭제하여 활용합니다.

[2단계 : 학습 기반 다지기]
Learning Consence

첫 수업에 제출한 팀 편성표로 학습팀을 구성합니다. 팀 편성이 완료되고 학습자에게 편성 결과를 안내합니다. 팀의 다양성을 높이는 방향으로 팀 편성하였지만 여기저기서 불만의 소리가 터져나올 수 있습니다. 그러나 우리의 이번 학기 목적은 단 하나입니다. 팀원의 다양성이 이번 수업의 학습을 효율적으로 이끌어준다는 믿음을 잊지 말아야 합니다. 팀 프로젝트 수업의 생명은 팀이고, 팀워크와 협업을 통해 상호학습이 일어나도록 하는 것입니다. 따라서 이번 시간에는 새롭게 구성된 학습팀이 빠르게 한팀으로 스며들 수 있도록 수업을 설계해야 합니다. 따라서 온라인상에서 팀 빌딩을 어떻게 진행할 수 있을지 안내드리겠습니다. 팀 빌딩을 진행하면서 잊지 않아야 할 것은 온라인 상황에 빠르게 적응할 수 있도록 ALLO를 적극 활용하면서 익혀나가야 한다는 점입니다. 팀의 토의를 원활하게 진행하기 위해서 ALLO가 자연스럽게 인지될 수 있도록 하는 것인 관건입니다.

따라서 이번 시간에는 팀워크를 향상시키면서 ALLO를 편하게 익힐수 있는 방법을 설명드리겠습니다.

이름하여 ALLO 온라인 아이스브레이킹!

들어가기 전에..

앞에서 기본 기능 설명시에 말씀드렸지만, 파워포인트와 유사한 부분이 많아서 학생들이 쉽게 진행할 수 있습니다. 너무 걱정 마시고 학생들을 믿고 미션을 던져보세요~!

ALLO와 친해지는 온라인 아이스브레이킹

1) 학습자들 간 소개를 위해서 포스트잇 활용하기

ALLO 프로젝트로 초대된 학습자의 참여 여부를 확인하고 포스트잇 활용을 익히기 위해 학생들에게 포스트잇 위에 이름을 적도록 합니다.(포스트 잇 위에 더블클릭) 페이지의 남은 공간에 포스트잇을 추가해서 현재 어디서 수업을 받고 있는지 자신이 있는 장소를 기록해보도록 합니다.(학생 수에 따라서 페이지를 추가해야 할 수 있습니다.)

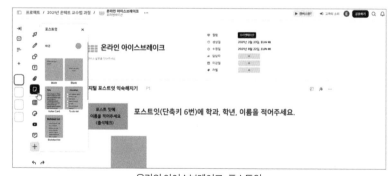

온라인 아이스브레이크- 포스트잇

2) 도형 활용하기

다양한 도형을 활용해서 우리가 꿈꾸는 강의실(또는 수업과 관련된 모형이나 사물)을 그려 보세요. 어떻게 그려도 상관없는 정답이 없는 활동입니다. 도형을 쓰지 않고 그리기 등 다른 기능을 활용하거나 예상했던 하나의 강의실이 아니라 설령 여기저기 강의실이 생기더라도 그냥 두고 기다려 주세요. 이 활동은 학습자가 스스로 ALLO의 기능을 찾고 활용하면서 익히도록 돕는 활동이라는 것을 잊지 마세요!

러닝 퍼실리테이션 TIP

이 활동을 시작하면 갑자기 고요해지면서 페이지의 마우스만 바쁘게 움직이고 있을 거예요. 우리는 아이스브레이크하면 하하호호 웃고 떠들고 학습자들의 텐션이 업된 모습을 상상합니다. 지금 우리 학습자는 비록 온라인 상에서 음성으로 표현하고 있지 않지만 여러 사람이 각자가 꿈꾸는 강의실을 만들면서 협동과 창의력, ALLO 기능을 탐색하는데 열중하느라 말하는 것을 잊을 수 있습니다. 정적이 부담스러우시다면 방해되지 않는 선에서 밝은 음악을 틀어주시는 것도 방법입니다. 또는 마우스의 움직임을 확인하시고 쉬고 있는 학습자가 있다면 이 페이지에서 할 수 있는 부가적인 활동을 할 수 있도록 의견을 제시해 주는 것도 좋은 방법입니다. 예를 들어서 "강의실에 간식 창고가 있다면 무엇을 넣어두면 좋을까요?"라고요!

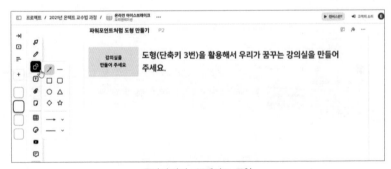

온라인 아이스브레이크- 도형

3) 다양한 리액션으로 상호 작용을 표현하기 위한 스티커 활용하기

온라인 수업에서 교수자와 학습 자간, 학습자와 학습 자간의 상호 작용은 매우 중요합니다. 캔버스 안에 기록된 의견들에 대한 반응, 의견을 시각화하기 위한 도구로 스티커는 무한 활용이 가능한 유용한 기능입니다. 학생들이 스티커 검색창에서 자유롭게 찾아서 활용할 수 있도록 (단, 영어만 가능) 안내해주시기만 하면 됩니다. (강의장을 다음 페이지로 가져오는 방법! 드래그, 복사, Ctrl+V!)

온라인 아이스브레이크 - 스티커

4) 웹사이트 링크 주소 연결하기

ALLO를 활용한 수업의 장점은 캔버스 안에 다양한 정보를 공유할 수 있다는 점입니다. 뉴스 기사, 주제 관련한 동영상, 연구 논문 파일 등 학습자들에게 제공할 수 있는 자료의 링크 주소를 페이지에 업로드할 수 있고, 학습자는 이를 다운로드 받아 학습할 수 있습니다. 더욱 좋은 점은 이러한 자료를 학습자 스스로 찾아서 올릴 수 있다는 점입니다. 이것이 바로 프로젝트 수업이 학습의 동기와 효과를 높이는 이유입니다. 흥미롭고 쉬운 주제로 실습해 봅니다. 쉬는 시간에 함께 들을 곡을 검색해서 올리거나 최근 공부하는 유튜브 영상 url을 공유하도록 합니다. 검색한 사이트의 url을 Ctl+C하고 원하는 페이지 위치에 클릭한 상태에서 Ctl+V하면 쉽게 가져올 수 있습니다.

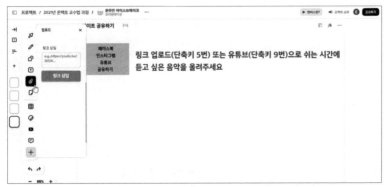

온라인 아이스브레이크- 사이트 공유

지금까지는 학습자 전체를 대상으로 오리엔테이션을 진행하는 방법을 안내했습니다. 이번에는 프로젝트 운영을 위한 학습팀의 팀 빌딩을 ALLO 에서 어떻게 진행하는지 안내하겠습니다. 프로젝트 수행의 성패는 팀워크에 달려있다라는 말이 있듯이 팀 구성원 구성과 참여자간의 상호작용은 매우 중요합니다. 그 첫 문을 상호소개로 진행합니다. 그런데 서로 소개하라고 하면 무슨 말을 해야 할지 난감해 합니다. 그래서 팀원 간에 나눌 수 있는 대화 주제를 ALLO에 제시해 주어 대화를 촉진합니다.

프로젝트 수업에서는 학습자간 서로 의견을 주고받는 의사소통이 중요합니다. 그래서 학습팀별로 토의 시간을 주면 잘 소통할 수 있겠지라고 생각하지만, 문제는 예상이 빗나가는 경우가 많다는 것입니다. 여러 이유가 있겠지만 많은 경우에 먼저 이야기를 꺼내는 사람이 없어 눈치를 보거나,

'무슨 말을 해야 하지?'하고 고민하느라 대화에 참여하지 못하는 경우가 많습니다. 팀 대화 중 정적은 팀의 침체를 만들고 이는 과제수행에도 적잖은 영향을 미칩니다. 따라서 본인을 소개하는 단순한 것부터 시작해서 팀원 간에 의사소통이 부담스럽지 않게 진행되도록 해야 합니다. 그런 의미에서 명목집단법은 학습자가 쉽게 말문을 열 수 있도록 돕는 간단하지만 강력한 도구입니다. 이야기할 주제를 주고 잠시 시간을 줘서 본인이 할 말을 생각할 수 있도록 하는 것입니다. 이때 ALLO에 질문과 답변을 기록할 수 있는 양식을 제공하여 준비할 수 있도록 하면 금상첨화입니다. 팀원 모두가 할 말을 ALLO에 기록한 후에 순서대로 돌아가면서 기록한 내용을 설명하도록 안내해주세요.

명목집단법 : NGT Norminal Group Technique

참가자 각자가 다른 사람과 얘기하지 않고(침묵 속에서) 토의 주제에 대한 자신의 생각을 정리할 수 있도록 일정한 시간을 부여하는 방법

(출처 : 한국액션러닝협회(2020), 액션러닝 퍼실리테이터 과정 교재)

팀 만들기

최근 기업이나 연구 기관 등 대부분의 조직에서는 문제를 해결할 때 혼자서 하지 않고 팀을 구성해서 진행합니다. 팀으로 운영하는 것이 생산성, 조직 융통성, 갈등 감소 등 이점이 많다는 사실이 많은 학자들을 통해서 밝혀지면서 학교 교육에서도 점차 적용하고 있습니다. 그러나 여러 명의 학습자를 그룹지어 주었다고 해서 그들이 알아서 하나의 팀으로써 기능을 하는 것은 아닙니다. 팀 활동을 통해 이들이 효과적으로 수행할 수 있도록

교수자는 팀 상호 작용이나 팀 운영에 대한 관심을 가져야 합니다. 실제로 팀 빌딩을 통한 팀 활동 촉진의 유무에 따라 팀원 이탈율, 과업 수행 중단 등의 프로젝트 수업에서의 결과의 차이가 있음이 확인된 바 있습니다. 아직은 서로 서먹한 팀원들과 서로 이야기를 나눌 수 있는 팀 빌딩 시간을 통해 시간을 가지고 팀원들을 서로 알아가는 단계가 꼭 필요한 이유입니다. 비대면 상황에서 만나는 팀원이지만 대면에서보다도 더 비대면의 장점을 활용하여 팀원 간 소개하고 팀워크를 만들 수 있도록 합니다.

아래는 학습자간 상호 인사를 촉진하기 위해 사용했던 양식입니다. 닉네임과 이름, 자신을 표현할 수 있는 이미지나 사진, 그리고 최근 관심사 5가지를 적는 시간을 5분 정도 제공하고(앞에서 설명한 NGT), 개인별로 작성 후에 한 명씩 돌아가면서 공유하도록 합니다.

상호소개 (나를 소개해 주세요...^^)		
닉네임 + 이름		
나를 나타낼 수 있는 이미지 or 사진		
요즘 나의 관심사 5가지		

온라인 아이스브레이크- 상호소개

개인적으로 소개를 마쳤다면 이제는 이 구성원을 한 팀으로 묶는 팀 빌딩 작업을 합니다. 앞에서 소개받은 내용을 바탕으로 팀원간 공통점을 찾고 팀명을 정합니다. 팀의 갈등 관리를 위해 팀 활동 시 함께 지켜야 할 규칙 등을 논의하고, 팀원마다 각각 역할을 맡습니다. 팀 학습을 하는데 있어 모든 팀원이 주체적으로 팀 활동에 참여할 수 있도록 특정한 역할을 부여하는 활동입니다.

Time Manager 시간 관리자

Reaction Manager 팀 역동성 관리자

Rule Manager 팀 규칙 관리자

Question Manager 질문 관리자

Record Manager ALLO 기록 관리자

......(그 밖의 팀 활동에 도움이 되는 역할이 있다면 필요에 따라 추가할 수 있습니다.)

팀워크를 높일 수 있는 팀만의 활동을 만들어 수업 시간과 이후 시간에도 연결될 수 있도록 합니다. 예를 들면, 매주 수요일 점심(수업이 없는 날이지만) 시간에는 정기적으로 만나기, 비대면 수업이지만 대면 상황에서 미팅하기 등 자기 팀만의 재미있는 활동을 만들어 가도록 합니다.

우리 팀을 소개합니다.^^

팀 명	
팀원간 공통점 3가지	
팀원 역할	
함께 지킬 규칙	
팀웍 강화 활동	

온라인 아이스브레이크- 팀 빌딩

프로젝트 주제 선정

여행은 언제 떠나든, 어디로 떠나든 늘 즐거운 경험인 것 같습니다. 이 여행이 더욱 즐거워지려면 무엇이 필요할까요? 대부분 목적지가 결정되고 나면 어느 길로, 교통편은 무엇을 이용해서 갈지를 결정합니다. 우리가 지금부터 학습자에게 제공하고자 하는 것은 바로 여행의 목적지로 가기 위한 최적의 길과 교통편을 안내해 주는 것입니다. 그것은 기존의 다양한 시도와 실패, 성공을 토대로 만들어진 문제해결 프로세스와 도구입니다. 앞서 CHAPTER2에서 살펴봤듯이 이 세상에는 시대에 따라 필요에 따라 정립된 문제해결 프로세스들이 있습니다. 지금도 시대의 변화에 맞춰 새로운 문제해결 프로세스들이 속속 등장하고 있습니다. 어느 것이 옳고 그르다기보다는 우리가 문제해결 하는데 무엇에 더욱 집중하고 싶은지에 따라서 알맞은 문제해결 프로세스를 고르면 됩니다. 물론, 꼭 그 프로세스를 따라야 하는 것은 아닙니다. 그러나 우리에게 주어진 시간과 환경 등의 자원은 제한되어 있습니다. 그저 학습자들에게 무한대의 시간과 자원을 제공하고 한걸음씩 나아가보자고 하기에는 한 학기의 시간이 너무 짧습니다. 그래서 교수자는 프로젝트 수업에서 학습자가 경험하고 배움으로써 얻어야 할 것에 대해 미리 고민하고 그에 적합한 환경을 설계해야 합니다. 지금부터 우리 교수자는 디자인씽킹 프로세스라는 여행 설계서를 가지고 안내하는 여행 안내자가 되어야 할 것입니다.

1) 프로젝트 주제 선정 방법

여행을 떠나려면 첫 번째로 어디로 갈 것인지 목적지를 정해야 되겠지요. 문제해결을 위해 떠나는 여행에서는 세상의 많은 문제들 중 앞으로 머물러야 할 문제가 어느 것인지를 결정하는 것부터 시작해야 합니다. 물론 이 도착지는 교수자가 정해주는 것이 아니고 학습자 스스로 선택할 수 있도록 해야합니다. 지금까지 문제가 해결된 결과만을 보고 듣고 학습했던 학습자들에게 문제를 찾아서 해결해 보라고 했을 때 어리둥절할 수 있습니다. (대부분의 경우에 혼란을 겪습니다.) 학습자들이 혼란에 빠지지 않고 목적지를 잘 찾아가게 하려면 어떻게 해야할까요? 학습자가 스스로 문제를 알아챌 수 있도록 몇 가지 가이드라인을 제공하면 자기가 갈 방향을 바르게 찾을 수 있습니다. 때로는 프로젝트 수업에서 진행할 수 있는 주제 샘플을 제공하는 것도 혼란을 방지할 수 있는 좋은 방법입니다.

주제 선정 가이드 라인

1. 학교 안과 밖에서 실존하는 과제(교육, 안전, 미래, 에너지, 생활, OOOOOO 등)

2. 평소 불편함을 느꼈거나 주변으로부터 민원을 들었던 주제

3. 3개월(수업 기간) 안에 해결 방안을 도출할 수 있는 정도의 주제

4. 해결이 되었을 때 사회적으로, 또는 직접적으로 우리에게 도움이 되는 과제

주제 예시

1. 장애학우를 위한 화장실 변기 개선

2. 지역사회에서 길고양이와 동행하기

3. 학교 체육시설 안전 점검 개선

4. 교내 재활용 쓰레기 분리 배출

5. 중앙도서관 예약 시스템 개선

ALLO에는 기록을 위한 다양한 기능들이 있습니다. 그 중 간단하게 포스트잇을 가지런히 펼쳐놓고 거기에 각자의 생각을 정리해 보도록 합니다. 포스트잇에 다양한 아이디어를 꺼내놓은 다음, 팀에서 합의된 내용을 가운데 위치한 큰 포스트잇에 정리하도록 안내합니다.

주제와 관련하여 의사결정이 필요할 땐 스티커를 활용해서 의견을 정리할 수 있도록 안내해주시면 됩니다.

2) 의사 결정을 돕는 복수 투표

여러 대안들 중에 하나를 골라 결정해야 할 때 선뜻 한곳에 투표하기 어려운 경험이 있을 것입니다. 여러 가지 중에 단 하나! 최고의 의견을 가려

내는 것이 힘들기 때문인데, 이를 해결하는 유용한 '복수 투표'를 알려드립니다. 딱 한 가지만 고르지 않고 여러 가지를 고를 수 있다는 의미입니다. 그러면 몇 개까지 선택할 수 있는 기준은 무엇일까요? 여기 쉽게 결정할 수 있는 공식을 하나 알려드리겠습니다.

$$\frac{n}{2}-1$$

여기에서 n은 총 의견 숫자입니다. 팀원이 제시한 여러 의견들을 잘 들어보고 똑같은 의견은 하나로 합치고 정리한 최종 의견들의 숫자입니다.

아래 사진처럼 포스트잇에 서로 다른 의견이 10개 붙어 있으면, 공식은 10/2-1이 됩니다. 간단한 산수를 거쳐 4가 몫으로 나왔네요. 이제 팀원은 총 10개 중에 4개의 의견을 선택하면 됩니다. 공식에서 n/2이 나오는 이유를 간혹 묻는 분들이 있는데 이것은 의견이 많은 경우에는 그 중에 결정하는 것은 어려우니 이 의견들을 반절(1/2) 이하로 줄여보자는 의미입니다. 그래서 의견이 아주 많은 경우는 n/3-1로 응용해서 사용할 수도 있습니다.

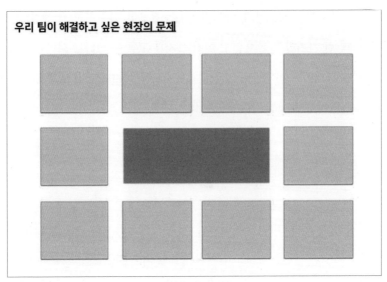

우리 팀이 해결하고 싶은 **현장의 문제**

프로젝트 주제 선정

1차로 나온 의견에서만 주제가 나오는 것은 아닙니다. 1차 복수 투표를 통해서 주제가 정해졌다 하더라도 팀이 논의하는 가운데, 다른 의견으로 얼마든지 수정될 수 있습니다. 따라서 여행 안내자는 급하게 재촉하는 것보다는 편안하게 깊은 의견을 나눌 수 있도록, 또 그 의견은 깊은 대화 가운데 확장, 수정될 수 있음을 열린 마음으로 보고 듣고, 받아들일 수 있도록 안내해야 합니다. ALLO의 포스트잇은 언제까지나 대화의 마중물이 되어야 하는 것을 잊지 마세요.

3) 주제 깊게 들여다보기

현재 정해진 주제는 안개 속에 감춰진 섬과 같습니다. 표면적인 현상들을 이야기했지만 실제 상황이나 관련된 정보들이 없는 상태이기 때문입니다. 또 팀원에 따라서 정보의 편차가 존재합니다. 따라서 이 주제에 오래도록 머물기 위해서 각자 관련 정보를 학습할 수 있는 시간이 주어져야 합니다. 다음 수업 전까지 주제 관련해서 학습할 수 있도록 계획을 세우도록 합니다. 해야 할 일과 방법도 중요하지만 그 일을 누가 담당해서 해 올 것인지를 정하는 것도 중요합니다. 혼자서 다 하려면 어렵고 복잡한 일이지만 나누고 함께 하면 좀 더 편하게 "해볼 수 있겠네."라는 생각을 하게 됩니다.

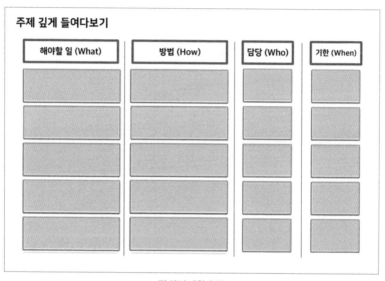

팀 작업 계획 수립

[3단계 : 문제와 고객 공감]
Empathize Problem

디자인씽킹과 다른 문제 해결 프로세스들과의 차이점이 무엇이 냐고 종종 질문을 받습니다. 공통점도 있고, 차이점도 있습니다. 큰 차이점이라고 한다면 바로 지금 단계, 고객 공감이라고 볼 수 있습니다. 고객 공감이란 팀이 해결하고자 하는 문제의 직접적인 제품, 서비스, 시스템, 제도 등을 고객 관점에서 느껴 보는 것을 말합니다. 문제 해결 프로젝트에서 많은 경우에 문제의 시작을 고객에서부터 하지만 정작 시작된 후에는 프로젝트 팀이 그 중심에 가 있는 경우가 있습니다. 아무리 고객의 입장이 되어서 문제를 들여다보려고 해도 결국은 공급자의 입장이 될 수밖에 없는 것이지요. 그래서 디자인씽킹은 프로젝트의 시작을 고객으로 시작하고 고객의 관점을 놓치지 않기 위해 고객 공감으로부터 문제의 본질을 바라보려고 합니다. 그래서 고객 공감 단계가 프로젝트의 성공 여부를 결정짓는, 문제 해결에 있어 매우 중요한 단계라고 보면 되겠습니다.

고객 공감은 고객 사전 공감, 고객 미팅, 미팅 결과 정리 3단계로 이루어집니다. 자, 그럼 각 단계별로 고객 공감을 학습자들과 어떻게 진행할지 살펴보겠습니다.

고객 사전 공감

아직 고객을 만나지 않았지만, 책상에 앉아서 고객을 사전에 공감해 보는 단계입니다. 다음의 내용들을 통해 고객에 대한 사전 공감 방법을 알아보도록 하겠습니다.

1) 이해관계자 지도 Stakeholder Map

이해관계자 지도는 과제와 관련된 이해관계자를 정의하고, 고려해야 할 역학 관계를 총체적으로 파악하여 시각적으로 나타내는 방법론입니다. 외부와 내부의 이해관계자가 주제에 대한 각자의 역할과 중요성을 이해하고, 다른 사람들과 관계에 대한 세부사항을 인지하도록 하는데 중요한 역할을 합니다.

고객공감에 앞서 주제와 관련한 이해관계자 지도를 작성하는 이유, 눈치채셨나요? 주제와 관련된 타겟 고객이 누구인지를 확인할 때 좁아진 우리의 시야를 넓혀주는 것이 바로 이해관계자 지도입니다. 이것은 다음 단계인 문제를 정의하고, 해결대안을 내는 모든 과정에서 학습팀이 넓은 시야를 유지할 수 있도록 도움을 줍니다. 따라서 빠짐없이 모든 관계자들이 누구인지 찾을 필요가 있습니다.

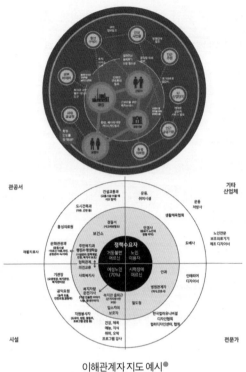

이해관계자 지도 예시 ●

이해관계자 맵 분석 프로세스

1. 이해관계자를 파악해 리스트를 작성한다.

2. 다양한 이해관계자들의 상호 작용과 이해관계 구조 및 편익을 분석한다.

3. 이해관계자간의 잠재적 대립요소와 니즈를 파악한다.

4. 이해관계자 분석 내용을 바탕으로 이해관계자를 매핑하고 시각화한다.

그럼 분석 순서에 따라서 리스트를 작성하고 맵핑해 봅니다.

● 사례로 배우는 국민디자인단 매뉴얼, 2018, 행정안전부

ALLO 개체의 선 연결하기를 활용하면 맵핑이 쉬워집니다!

이해관계자 지도 Stakeholders map	주제 :

이해관계자 지도 작성

2) 페르소나

고객의 마음을 아는 것은 거의 불가능에 가깝습니다. 대부분 안다고 착 각하거나 알고 있다고 믿는 것뿐입니다. 진짜로 고객의 마음을 알기 위해 서는 고객이 어떤 상황에 처해있는지 파악하는 것이 중요합니다. 그러나 현재 학습 팀은 고객을 만나지 못한 상황입니다. 이런 상황에서 고객 공감 을 어떻게 준비할 수 있을까요? 고객 공감을 제대로 하려면 관찰 조사 및 인터뷰 조사가 필요합니다. 조사 대상을 정할 때 그 문제 해결의 수혜자가 될 사람들을 대표하는 가상의 인물을 정해 보는 것이 도움이 됩니다. 이러 한 가상의 인물을 '페르소나'라고 합니다.

페르소나의 어원은 고대 그리스 가면극에서 배우들이 썼다가 벗었다가 하는 가면에서 왔다고 합니다. 합니다. 배우의 감정과 성격을 나타내는 가면처럼 고객의 감정과 성격을 찾고 이를 활용하는 것이지요. 이는 잠재적이고 추상적인 고객의 개념을 매우 개인적인 인간으로 형상화하는 작업입니다. 이를 통해 학습팀에게 문제 해결의 핵심이 되는 대상 고객을 공감하고 이해하는 능력을 확립해 주는 것입니다.

고객 페르소나 작성	고객의 대표적인 프로필을 아래에 작성해주세요.		
가족관계	성별/나이	사는 곳	라이프스타일
성격/성향	이름(사진)	하는 일/소득	
관심사			취미
	학력		
고객이 처한 문제 상황을 구체적으로 기록해 주세요			

ALLO 페르소나 작성

3) 감정지도 Empathy Map

감정지도는 프로젝트 팀이 직접 고객을 만나러 가기 전에 페르소나를 통해 주제와 관련하여 고객의 관점에서 느껴보는 작업을 하기 위한 도구입니다. 디자인씽킹 전문가들의 말을 빌리자면 "고객의 신발을 신고, 고객의 눈과 마음으로, 고객의 입장이 되어 보는 것"이라고 합니다. 그러나 실제 고객의 입장에서 생각하고 느낀다는 것은 쉬운 일은 아닙니다. 또한 학습자가 논의하는 내용이 단편적이고 추상적으로 진행될 수밖에 없습니다. 따라서 고객의 말과 행동, 생각과 느낌을 시각화하는 감정지도를 활용합니다.

고객을 탐색할 수 있는 질문은 다음과 같습니다. 서비스나 제품을 사용할 때 또는 관련 환경에서 고객이 무슨 말을 했는지?Said, 무슨 행동을 했는지?Did, 어떤 생각을 했는지?Thought, 어떤 느낌을 받았는지?Felt에 대해서 기록하도록 합니다.

다음은 학습자가 좀 더 깊게 생각해볼 수 있도록 돕는 질문들입니다. 프로젝트 팀에서 함께 질문을 나누고 해당란에 기록하도록 합니다.

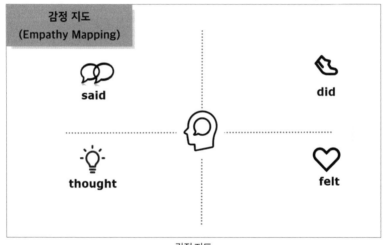

감정 지도

말Said

- 고객은 어떤 단어나 정의를 사용해서 이야기하는가요?

- 고객이 사용하는 단어의 특징이 무엇인가요?

- 고객은 문제를 다른 사람들에게 어떻게 설명하는가요?

- 고객이 문제를 처음 접하고 하는 표현은 무엇인가요?

행동Did

- 고객은 문제 상황에 어떻게 행동하는가요?

- 고객의 반복되는 행동/특수한 행동은 무엇인가요?

- 고객의 말과 행동이 대조적인 부분은 무엇인가요?

생각Thought

- 고객은 문제 상황에서 어떤 생각이 들 것인가요?

- 고객이 표현하지 않지만 분명히 드는 감정이 있다면?

- 고객의 결정에 영향을 주는 타인의 가치는 무엇인가요?

감정Felt

- 고객이 문제 상황에서 어떻게 느낄 것 같은가요?

- 고객이 진정으로 중요시하는 것은 무엇인가요?

- 고객은 무엇으로 인해 마음이 움직이는가요?

TIP

감정지도 관련 이미지가 있다면 ALLO에서 해당 페이지의 배경으로 활용할 수 있습니다. 학습자가 포스트잇으로 의견을 남길 때 페이지 안에서 각자 개체가 겹쳐지게 되면 이동, 편집할 때 개체의 정렬 순서에 따라서 활동에 제약이 생길 수 있습니다. 또는 교수자가 제시한 이미지가 삭제될 수 있습니다. 따라서 페이지 배경으로 이미지를 넣고 팀원들과 논의하는 내용을 배경 이미지 위에 글을 적을 수 있습니다.

4) 고객 여정지도ᴶᵒᵘʳⁿᵉʸ ᴹᵃᵖ

여정지도는 고객들이 제품이나 서비스를 이용하는 동안 그 고객의 경험을 파악하고 이해하기 위해 활용되는 방법입니다. 주로 플로우 차트나 다른 그림의 형태로 표현합니다. 고객의 경험 단계별로 고객이 어떤 행동을 하는지, 이 때 고객의 감정의 변화는 어땠는지(즐거운지, 슬픈지, 화가 나는지 등), 마지막으로 이때 고객은 어떤 말을 했는지를 상세하게 나타냅니다. 경험 단계별로 고객의 행동과 감정, 말의 변화를 살펴볼 수 있어서 어느 단계에서 고객이 문제가 발생하는지를 파악하기 용이합니다.

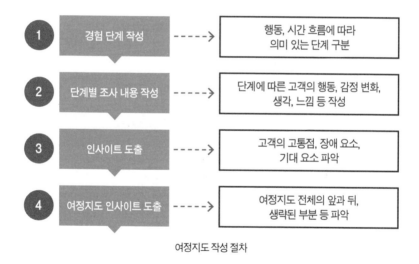

여정지도 작성 절차

① 고객이 서비스 또는 상품을 이용하는 경험의 흐름을 시작부터 마지막 단계까지 순서대로 작성합니다.

- 개별 행동으로서 의미 있는 행동들을 분류할 수 있다면 그 내용들을 단계로 적을 수 있습니다.(예 : 인지 → 탐색 → 비교 → 구매 → 공유)

- 행동뿐만 아니라 시간의 흐름에 따라 단계를 나누어 적을 수도 있습니다. (예 : 방문 전 →

  방문 중→방문 후)

- 첫 단계부터 마지막 단계까지를 ALLO에 작성합니다.

② 각 단계 아래 부분에 해당 단계에서 기존의 고객으로부터 발견된(예측되는) 내용

  들을 포스트잇과 스티커 기능을 활용하여 적습니다.

- 고객의 행동을 작성합니다.

- 이때의 고객의 감정변화를 스티커로 기록합니다. 고객의 감정을 표현할 수 있도록 시각화

  하는 것이 목적이므로 직관적으로 볼 수 있는 스티커를 활용하면 도움이 됩니다. 스티커

  사이를 그리기 도구를 활용하여 선으로 연결합니다.

- 단계별로 고객의 생각, 느낌, 고통점, 기대 사항(니즈) 등을 적습니다.

③ 포스트잇에 적힌 내용들을 기반으로 팀원들과 토의를 나누면서 인사이트를 도출

  합니다.

- 고객의 고통점이 강한 지점이 나타난다면 그 지점은 고객 불만이나 이탈 가능성이 높은

  곳입니다.

- 고객이 행동 단계를 넘어가는 데 겪는 장애 요소를 찾습니다.

- 고객이 행동 단계에서 얻고자(하고자) 하는 기대 요소들을 찾습니다.

- 고객, 서비스, 제품 간의 상호 작용이 일어나는 지점, 터치 포인트(Touch Point)들을 파악합니다.

④ 고객 여정지도를 통해 전체에서 얻을 수 있는 인사이트를 도출합니다.

- 전체 경험의 흐름 중 터치 포인트에서 고객의 불만이나 관리가 안 되고 있는 부분이 파악

  될 수도 있습니다. 또는 반드시 있어야 하는 행동이 생략되어 있거나 단절되는 경험을 발

  견할 수 있습니다.

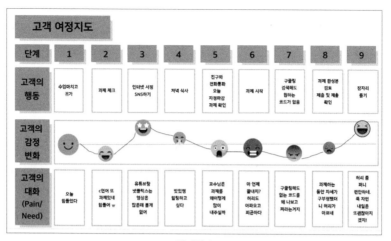

고객 여정지도

위의 두 가지 방법(감정지도, 여정지도)으로 파악한 고객의 상황과 여러 가지 내용들을 기반으로 고객을 이해하게 되었습니다. 이 내용이 실제로 맞는지 확인하고 프로젝트 팀이 발견하지 못한 고객을 알아보기 위해서는 현장으로 직접 가서 고객을 만나야 합니다. 따라서 프로젝트 팀과 어떤 것을 관찰할지, 어떤 부분에 대해서 질문할지에 대한 논의와 계획이 필요합니다.

5) 인터뷰 질문 작성하기

고객 대상별로 확인할 점, 질문할 사항 등을 학습자간 자유롭게 논의할 수 있는 시간입니다. 인터뷰 질문을 작성할 때는 어떤 질문이 좋은 질문인지 한번 더 상기할 수 있도록 합니다. CHAPTER 2에서 살펴봤던 교수자가 학습자에게 던지는 좋은 질문에 대해서 기억하시나요? 고객도 마찬가지입니다. 프로젝트 팀이 던지는 질문의 방향에 따라서 고객도 같은 방향으로 대답을 하게 됩니다. 닫힌 질문을 하면 닫힌 대답이 나오고, 중립적인 질문을 던질 때 비로소 고객 스스로의 생각을 이야기할 수 있습니다. 처음에는 프로젝트 팀에서 자유롭게 질문사항을 논의하고 인터뷰 질문에 대해 정리할 때 기준을 제시해 주세요.

프로젝트 팀은 아직도 고객에 대한 정보가 충분하지 않습니다. 고객으로부터 어떤 정보가 더 필요하고 어떤 방법으로 확보할 수 있을지를 논의합니다.

대상	확인/질문할 사항을 적어주세요.

인터뷰 질문 토의

6) 인터뷰/관찰 계획 수립&역할 나누기

관찰할 사항, 질문할 사항이 결정되면 이제 고객을 만나러 갈 실질적인 논의가 필요한 단계입니다. 언제, 어디에서 누구를 만날 것인지, 사전에 섭외를 할 것인지, 아니면 현장에서 섭외할 것인지, 또는 섭외없이 관찰만 할 것인지, 그렇다면 고객이 있는 곳은 어디인지 등 현장미팅 위해 준비해야 할 것 등은 많이 있습니다. 처음 이 일을 겪는 학습자 입장에서는 흥미진진함에 즐거움을 느낄 수도 있지만, 반대로 두려움과 걱정이 밀려올 수

있습니다. 한번도 해보지 않은 일로 예측이 어렵기 때문일 것입니다. 교수
자는 다양한 질문을 던져 프로젝트 팀이 사전에 준비하고 논의할 수 있도
록 합니다.

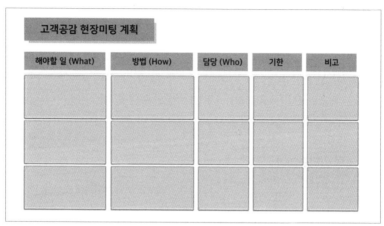

<table>
<tr><td colspan="5">고객공감 현장미팅 계획</td></tr>
<tr><td>해야할 일 (What)</td><td>방법 (How)</td><td>담당 (Who)</td><td>기한</td><td>비고</td></tr>
<tr><td></td><td></td><td></td><td></td><td></td></tr>
<tr><td></td><td></td><td></td><td></td><td></td></tr>
<tr><td></td><td></td><td></td><td></td><td></td></tr>
</table>

고객공감 현장미팅 계획 수립

고객 미팅

이제 프로젝트 팀은 현장 속의 고객을 만나러 갑니다. 앞서 계획했던 아
젠다와 역할, 준비 사항을 다시 한 번 숙지하고 이동합니다. 현장에서 관
찰·인터뷰할 때 유의해야 할 사항을 안내합니다.

1) 고객 관찰하기

고객의 자연스러운 상황에서 관찰한다는 것은, 언뜻 듣기에는 매우 간
단해 보입니다. 그러나 과연 무엇을 관찰해야 할까요? 다음은 사용자와 제
품·서비스와의 상호 작용을 지켜보는 동안 확인해볼 필요가 있는 몇 가지
행동들을 안내합니다.

- **혼란스러움** 대상자의 얼굴에 나타나는 표정을 지켜봅니다. 대상자가 혼란스러워하는 표정을 짓는다는 것은 제품 또는 서비스의 사용방법을 더 직관적으로 만들라는 신호입니다.
- **페인 포인트(Pain Point)** 몹시 불쾌해하거나 짜증내는 순간을 찾아봅니다. 대상자의 얼굴 표정과 바디랭귀지에서 찾을 수 있습니다.
- **건너뛰기** 대상자가 단계를 건너뛴다면 그 사람에게 필요하지 않거나, 원하지 않거나, 또는 해당 단계의 가치를 이해하지 못했기 때문일 수 있습니다.

2) 고객 인터뷰하기

- 인터뷰 대상자가 편안하게 인터뷰에 응할 수 있도록 장소와 분위기를 조성합니다.
- 답변과 관련해서 이야기나 사례를 들려 달라고 요청합니다. 기억해둘 만한 단어, 표현을 포착하여 그대로 기록합니다.
- 인터뷰 대상자의 말에 호기심을 갖습니다. 놀라운 점이나 모순점을 찾아보고 이것이 어떤 것인지 확인합니다.
- 인터뷰 대상자의 침묵을 두려워하지 않습니다. 침묵한다면 기다려주세요.
- 인터뷰 대상자에 집중합니다. 간단한 동작이나 어조가 말보다 더 많은 것을 이야기해줄 수 있음을 기억합니다.
- 인터뷰 대상자가 한 말을 반복해서 표현하고 확인합니다.
- 대화 내용 중 비효율적인 내용, 지나치게 강조하는 부분, 우회적인 표현 등을 찾아내기 위해 열심히 듣습니다.

3) 인터뷰할 때 역할 분배

- 질문자: 고객에게 궁금한 이야기를 경청하며 질문하기

- 관찰자: 고객의 비언어적 행동을 관찰하기

- 기록자: 인터뷰 내용을 고객의 언어로 기록하기

프로젝트 팀은 고객 미팅하는 동안 부지런히 바라보고, 사진 찍고, 질문하고, 기록합니다.

미팅 결과 정리

디브리핑은 고객 미팅이 완료된 후 연구 또는 조사에 대한 설명을 받는 과정입니다. 즉, 고객미팅에서 관찰하고 질문한 내용, 현장에서 보고, 듣고, 느꼈던 모든 것을 프로젝트 팀원들과 함께 정리하면서 공유하는 것입니다. 디브리핑은 고객 미팅 전에 작업했던 감정지도와 고객 여정지도에 새롭게 관찰되고 발견된 점으로 수정해나가며 진행할 수 있습니다. 그리고 추가 영역 Pain과 Gain이 무엇인지를 발견할 수 있습니다.

이번 챕터에서는 추가로 친화도법을 활용한 디브리핑 방법을 안내해드리겠습니다. 친화도법은 데이터나 아이디어를 체계적으로 정리하고 분류하는 분석 방법입니다. 일본 도쿄공업대학의 문화인류학자인 카와키타 지로Kawakita Jiro 교수가 만든 발상법으로 교수의 영어 앞머리 글자를 따라서 KJ법이라고도 합니다. 고객 조사를 통해 얻은 수많은 데이터들을 친화도가 있는 데이터끼리 모아서 구조화합니다. 여기서 친화도라 함은 의미상 가깝거나 유사한 기준일 수도 있고, 서로 연관성을 지닌 특성일수도 있습니다. 친화도법의 진행 방법은 다음과 같습니다.

① 고객 조사에서 수집한 정보들을 ALLO 디브리핑 페이지의 포스트잇에 모두 적습니다.

- 기록할 때 한 장의 포스트잇에 한 개의 사실만을 적습니다.

- 포스트잇 내용을 공유하면서 관련없는 내용은 삭제합니다.

② 포스트잇을 분류하고 친화도를 찾아내 그룹으로 묶습니다.

- 유사성, 규칙, 연관성 등에 기반을 두어 다양하게 묶어보는 시도를 합니다.

- 팀원들과 토론을 통해 친화도 그룹의 객관성과 정확성을 높입니다.

- 한 개의 포스트잇만으로도 그룹이 될 수 있습니다.

③ 소그룹 제목을 작성하여 붙입니다.

- 별도의 색(또는 모양)의 포스트잇을 사용하여 제목을 구분합니다.

- 제목만으로도 그룹을 구성하는 데이터들의 특징을 파악할 수 있어야 합니다.

④ 소그룹들을 묶어 상위 제목을 작성합니다.

- 내용이나 패턴이 잘 드러나는 제목으로 묶습니다.

⑤ 위의 2~4번의 과정을 다양한 방식으로 반복하여 그룹핑합니다.

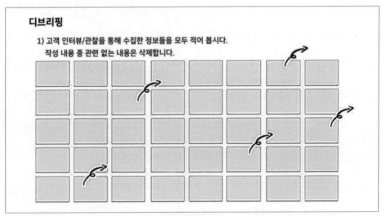

정보 기록하기

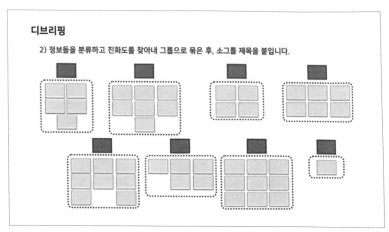

분류하고 소그룹으로 묶기

　지금까지 고객을 제대로 이해하고 문제를 발견하기 위해 3가지 분석 방법을 활용할 수 있음을 안내드렸습니다. 첫째로 고객의 특징과 고통점, 원하는 바를 파악하기 위한 감정지도, 다음으로 고객의 경험을 단계적으로 파악하기 위한 여정지도, 마지막으로 고객의 행동과 패턴을 파악하기 위한 친화도법입니다. 이러한 분석 기법은 프로젝트 팀의 필요에 따라서 한 개의 분석 방법으로 정리할 수 있고, 세 가지를 모두 사용할 수도 있습니다. 프로젝트 팀에게 각 분석 방법의 목적을 안내하고 팀에서 결정하여 진행할 수 있도록 해주세요.

　분석을 통해서 도출된 다양한 인사이트를 각 프로젝트 팀에서 리뷰하며 마무리합니다. 모든 단계마다 프로젝트 팀의 합의된 점을 정리할 수 있도록 ALLO에 리뷰 페이지를 작성합니다.

고객 공감에서 발견한 인사이트 리뷰

과제에 대한 팀 구성원의 이해도를 높이기 위해서 현재까지 진행된 내용을 다시한번 돌아봅니다.
그 과정에서 함께 발견한 인사이트를 정리합니다.

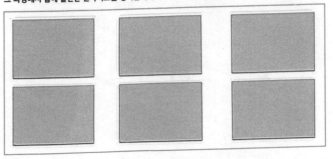

고객 공감 인사이트 리뷰

[4단계 : 과제 정의와 포커싱]
Define Problem

앞 단계에서 친화도법, 감정지도, 여정지도와 같은 분석 도구를 활용해서 고객의 경험 속에 숨겨져 있는 불편이나 불만, 욕구 등을 찾아보았습니다. 그리고 서비스 경험 과정에서도 의미 있는 인사이트들을 도출해 냈습니다. 이러한 결과물들은 모두 고려하거나 구현해야 하지만, 그 중 고객에게 있어 가장 핵심적인 요소(핵심 니즈)를 도출해서 아이디어 도출 단계에서 해결책을 찾아낼 수 있도록 하는 단계가 바로 문제 정의 단계입니다. 따라서 고객의 핵심 니즈를 발견하고 이를 프로젝트 팀이 모두 동일하게 인지하고 합의하는 것이 중요합니다. P.O.V. Statement를 통해 문제를 정의할 수 있도록 합니다.

P.O.V. Statement

Point of View Statement는 디자인씽킹 프로세스 중 두 번째 단계인 문제 정의Define에서 사용자 입장에서 문제를 정의하는 것입니다. 해결해야할 문제의 본질을 파악하고 팀의 공통된 언어로 정리하는 것입니다. P.O.V. Statement는 고객·니즈·인사이트로 구성됩니다.

먼저 주제에 대한 극단적 사용자Extreme User를 고객으로 정의합니다. 이들은 소수이지만 주변에 끼치는 영향력이 높은 충성도가 높은 고객입니다. 그 다음은 고객의 요구를 파악합니다. 고객이 해결하고 싶은 불편함이나 기대하는 바로 정의할 수 있습니다. 최대한 구체적이고 자세하게 파악하는 것이 중요합니다. 마지막 요소는 인사이트입니다. 여기에서 인사이트는 고객의 요구가 생긴 이유를 나타냅니다. 해결해야할 문제가 생기고 개선을 기대하는 이유이지요. 인사이트(이유) 내용에 따라서 문제의 방향성이 달라지게 되므로 프로젝트 팀에서 다양한 인사이트를 도출해보고 그 중에 가장 적합한 것으로 합의할 수 있도록 안내해야 합니다. 기억하세요. 단 한번에 P.O.V. Statement가 나오지 않습니다. 반복 작업을 통해야만 고객에게 가까워질 수 있다는 것을요.

마지막으로 P.O.V. Statement는 아래와 같이 정리를 한다면 아래와 같습니다.

"_____(고객)은 _____ 할 방법이 필요하다(원한다/해결하고 싶다.) 왜냐하면 _____(문제 혹은 기대)를 가지고 있기 때문이다."

이를 프로젝트 팀을 위해 ALLO로 토의 양식을 작성하면 아래와 같습니다.

고객 관점에서 문제정의 [Point of View(P.O.V.) Statement]

User (고객)	
Needs (원하는 상태)	
Because (이유)	

우리 팀의 도전과제는...

고객 관점에서 문제정의

HMW 질문 만들기

위의 정의된 문제의 본질을 아이디어 도출에 용이하도록 HMW 질문으로 변환합니다. HMW는 How Might We ~의 영어 앞 글자를 따서 붙여진 이름으로 1970년대 P&G의 크리에이티브 매니저인 민 바사더Min basadur가 고안했습니다. "어떻게 하면 우리가 ~을 할 수 있을까?"라는 질문은 해결안을 찾기 전에 올바른 질문을 할 수 있도록 해 줍니다. How는 해결 대안이 있다는 것을 암시합니다. Might는 문제해결을 달성할 무수한 아이디어들이 있음을 나타냅니다. We는 아이디어 실행을 혼자하는 것이 아니라 팀 단위에서 협업을 통해 한다는 것입니다. 자, 이제 한번 각 팀에서 해결안을 만들기 위해 HMW 질문을 만들어볼까요?

문제해결로 이끄는 질문

우리가 발견한 문제해결 핵심포인트를 HMW (How might we~) 질문으로 치환합니다.

어떻게 하면 우리가 _____ 할 수 있을까?

> 문제해결로 이끄는 질문

HMW 질문

[5단계 : 해결 아이디어 도출]
Ideation

고객의 문제를 제대로 명확하게 했다면 해결 아이디어 도출 단계
는 다양한 해결책을 구상하고 논의하는 단계입니다. 여기서 '다양
한'이란 단어에 집중하고 싶습니다. 국어사전을 찾아보면 다양이란 단어
는 '여러 가지 모양이나 양식'이라는 뜻을 가지고 있습니다. 즉, 한 가지 최
고의 아이디어를 도출하는 것이 아니라 여러 가지 모양이나 양식을 가진
많은 아이디어를 도출하는 것입니다. 그런데 경험적으로 보았을 때 다양
한 아이디어를 내는 것은 생각보다 어려운 일입니다. 새로운 의견이 필요
한 회의에서도 한참 동안 여러 이야기가 나오다가는 30분을 넘기지 못하
기 일쑤입니다.

그래서 아이디어를 내는 도구나 비법들을 안내하는 책들도 계속해서 쏟
아지고 있지요. 경영 컨설턴트들은 아이디어가 만들어지는 장소로 3B^{Bath,}
_{Bed, Bus}의 법칙을 말합니다. 혼자만의 시간을 가지고 사색할 때 자신이 알

지 못하는 잠재되어 있던 아이디어가 어느 순간 스파크를 일으키며 튀어 나온다는 것입니다. 아이디어를 머릿속에서 번뜩 떠오르는 혼자만의 생각이라고 여기는 것이지요.

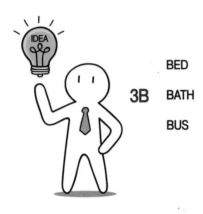

하지만 케빈 던바Kevin Dunbar의 실험에 따르면 아이디어는 과학자들이 실험실에서 혼자 현미경을 한참 들여다보며 연구하는 순간이 아니라 사람들과 커피를 마시며 최신 연구 결과에 대해 이야기를 나누는 모임에서 나온다는 것입니다. 이것을 던바 교수는 탁월한 아이디어는 현미경이 아닌 회의 테이블에서 얻어진다고 표현했습니다. 즉, 디자인씽킹에서 말하는 아이디어 도출단계는 해결해야 할 문제에 대한 좋은 아이디어는 이해관계자들과 함께 찾아가는 과정이라는 것에 좋은 뒷받침이 되어주고 있습니다.

결국 새로운 아이디어는 외부의 자극의 도움이 필요하다는 것인데, 1차적으로는 개인이 가지고 있는 경험을 통해서, 2차적으로는 다른 구성원들의 경험을 통해서, 3차적으로는 전혀 다른 자극을 통한 새로운 아이디어가

도출되는 것입니다. 그래서 그런지 프로젝트 수업을 하면서 학습자가 가장 열정적이고 즐겁게 진행할 수 있는 시간이 바로 이 아이디어 도출 단계라고 생각됩니다. 던바 교수의 실험과 같이 학습자들이 자유롭게 의견을 나누면서 생각과 생각의 연결이 탁월한 무엇인가를 탄생시키는 시간으로의 경험을 가질 수 있도록 단계별 설계가 되어야 할 것입니다.

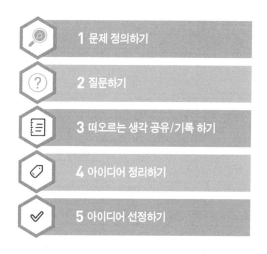

아이디어 도출은 다음 5단계로 진행됩니다. 앞의 두 단계는 이미 학습했습니다. 여기서는 3, 4, 5단계에 대해 설명하겠습니다. 떠오르는 생각을 공유하고 기록하는 아이디어 발산을 돕는 도구로는 브레인스토밍, 브레인라이팅, 디딤돌이 있습니다.

아이디어 발산

1) 브레인스토밍Brainstorming

세계적인 디자인 컨설팅 회사 닐슨 노먼Nielson Norman 그룹은 아이디어를 '어떠한 판단이나 평가 없이 정해진 주제에 관한 폭넓은 아이디어 도출하는 과정'으로 정의했습니다. 1차적으로 개인의 경험을 통해서 생각할 수 있는 아이디어를 빠르게 쏟아내는 과정이지요. 브레인스토밍에서는 이와 맥락을 같이하는 진행 규칙이 있습니다.

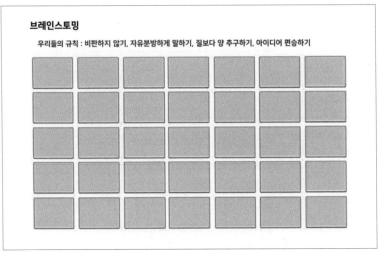

브레인스토밍

브레인스토밍 할 때의 지켜야할 4가지 규칙

- 비판금지: 상대방이 제안한 아이디어에 대하여 비판을 하게 되면 자신의 의견이
나 생각을 자유롭게 제시하지 못하므로 상대방의 제안을 절대로 비판해서는 안
됩니다.

- 자유분방: 아이디어는 자유롭고 부드러운 분위기가 조성 되어야만 창의적인 아이
디어 도출이 가능합니다.

- 질보다 양 추구 : "좋은 품질의 아이디어 좀 내보세요." 라고 하면 사람들은 본인이
제시한 아이디어가 좋은 평가를 받지 못하면 어떡하나 하고 아이디어를 제시하지

않기 때문에 일단 많은 아이디어를 도출할 수 있도록 나열하고 아이디어의 좋고 나쁨은 평가단계에서 판단합니다.

- 아이디어 편승 : 모방은 창조의 어머니라는 말이 있듯이 다른 사람의 아이디어에 편승하면 좋은 아이디어를 효과적으로 도출할 수 있습니다.

말이 안 되는 아이디어라도 무시되어서는 안 되며 아이디어의 질보다는 양을 중시하며, 비판과 평가는 하지 말아야 합니다.

2)브레인라이팅Brainwriting

두 번째로 타인의 경험을 통해서 아이디어를 도출하는 브레인라이팅 Brainwriting 기법이 있습니다. 브레인라이팅은 독일에서 처음 소개된 아이디어 회의 기법으로 다른 구성원이 작성한 아이디어를 활용하여 새로운 아이디어를 도출하는 방법입니다.

브레인라이팅 워크시트(오프라인 미팅시)

먼저 각자 브레인라이팅 전용 시트로 A4를 아래와 같이 준비합니다. 각자의 시트에 5분간 3개의 아이디어를 적습니다. 그런 다음 이 시트를 옆사람에게 돌려가면서 다른 팀원들이 그 아이디어에 힌트를 얻어 자신의 발상을 넓혀 다른 아이디어를 만들어가는 방식입니다.

브레인라이팅은 원래 '6·3·5법'이라 불렸다고 합니다, '6·3·5'는 브레인라이팅을 진행하는 데 중요한 세 가지 포인트를 의미합니다.

⑥ : 참가자는 원칙적으로 6명으로 제한하는 것이 좋다.

③ : 한 라운드에 각자 3개의 아이디어를 써낸다.

⑤ : 한 라운드를 끝내는 시간은 5분으로 제한한다.

우리는 이 방법을 변형하여 아래와 같이 활용해 보겠습니다.

① ALLO 페이지에 아래 그림과 같이 Worksheet를 만듭니다.(①은 교수자가 사전에 캔버스를 준비합니다.)

  - 페이지에 팀원의 숫자만큼 포스트잇을 좌우에 각각 붙입니다.(2개씩 동일한 색 사용)

  - worksheet는 학습자 수+1개(공동으로 사용할 Worksheet)만큼 만듭니다.

② 각자의 Worksheet 상단에 자신의 이름과 핵심 질문을 적습니다.

③ 첫 번째 붙인 포스트잇 2개에 자신의 아이디어를(2개를) 적습니다.

④ 진행자의 알림에 따라 다음 페이지의 worksheet로 이동합니다.

⑤ 앞의 사람이 쓴 아이디어를 보고 발전시켜 자신의 아이디어를 2개씩 적습니다.

  ④번과 ⑤번을 계속합니다.

⑥ (모든 Worksheet에 아이디어 발산이 끝나면) 아이디어 Worksheet를 돌려가며 읽으면

서, 참신한(새롭거나 상이한) 아이디어에 체크하며 평가합니다.

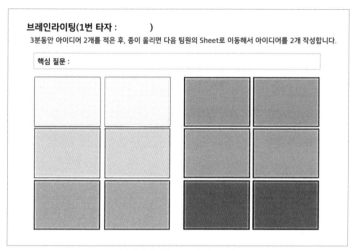

브레인라이팅 워크시트(ALLO)

worksheet를 팀원수보다 1개를 더 만드는 이유는 사람마다 아이디어를 내는 시간의 차이가 있기 때문입니다. 다른 사람보다 먼저 아이디어 작성한 사람은 남는 시간을 기다리는데 쓰지 않고 교수자의 알림이 전까지 공용으로 만들어 놓은 worksheet로 가서 재빨리 아이디어를 적도록 합니다.

3) 디딤돌

세 번째로 전혀 다른 외부 자극을 통해서 아이디어를 도출하는 디딤돌 방법입니다. 앞의 첫 번째와 두 번째 방법에서도 많은 아이디어 나오지만, 좀 더 새로운 관점으로 신선한 아이디어가 필요할 때 사용하면 됩니다. 디딤돌 아이디어 판은 3개의 원으로 구성되어 있는데, 중심의 작은 원에는 HMW 질문이 있고, 두 번째 원에는 외부의 새로운 자극을 줄 수 있는 단어들이 들어갑니다. 세 번째 원에는 HMW 질문과 자극 단어를 통해 떠오르는 아이디어를 적는 칸입니다.

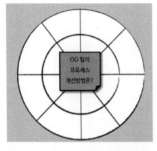

1) 한가운데에 도출된 과제 핵심질문HMW를 붙입니다.

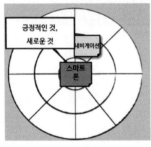

2) 핵심 질문 위에 외부 자극을 제공하는 촉매단어를 선정하여 붙입니다. 2번째 원의 8칸에 촉매단어와 연상되는 특징을 단어로 붙입니다.(단, 이 단어들은 긍정적인 단어로 선정합니다.)

3) 중심의 촉매단어를 떼고 HMW 질문이 보이도록 합니다. 중심의 질문과 2번째 원의 단어들을 연결하여 떠오르는 아이디어를 3번째 원에 붙입니다.

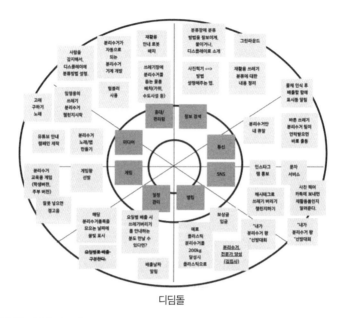

디딤돌

아이디어 수렴

발산된 아이디어를 정리하고 결정하는 수렴 도구로 친화도법, 다수 투표와 의사결정 그리드를 활용합니다.

1) 친화도법

다양하게 떠오른 수많은 아이디어들을 친화도법을 사용하여 정리 분류합니다. 친화도법은 앞의 고객 공감 단계에서 학습했습니다. 동일 주제에 대한 다양한 아이디어나 전망 자료를 종합하여 유사성이나 연관성에 따라 재분류하고, 문제에 대한 해결안을 제시합니다. 아이디어나 생각들이 도출은 되었으나 정돈되지 않아 전체적인 파악이 어려울 때 이 기법을 이용하면 다양한 아이디어나 정보를 몇 개의 연관성 높은 그룹으로 분류하고 파악할 수 있습니다.

2) 다수투표 multi-voting

다수투표는 분류된 큰 아이디어의 목록을 좁혀서 우선순위를 정하는데 사용되는 방법입니다. 친화도법으로 아이디어를 분류했다고 하더라도 여전히 소제목들이 많이 있어 소수 의견으로 결정하기에는 부담 됩니다. 이 기법은 N/3 기법으로도 알려져 있는데, 이는 많은 의견을 1/3로 줄여본다는 의미도 함께 하고 있습니다. 다수 투표의 또 다른 장점은 사람들은 여러 대안 중에 한가지만을 선정하는데는 어려움이 있는데, 이 방법은 1가지만 선정하는 것이 아니라 상황에 따라서 결정되는 투표권수만큼 선정할 수 있기 때문에 구성원들이 좀 더 편하게 아이디어를 선정할 수 있습니다. 우리는 이 공식을 아래와 같이 변형하여 사용해보겠습니다.

점 스티커를 이용하여, 각 개인에게 N/2-1 만큼의 스티커를 배부하고, 이를 마음에 드는 의견에 붙이도록 합니다. 여기서 N은 친화도법으로 분류된 소제목의 개수를 뜻합니다.

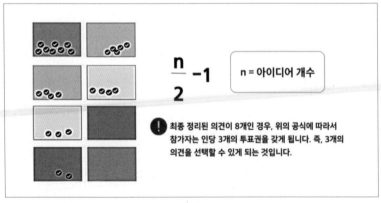

$$\frac{n}{2} - 1 \qquad \text{n = 아이디어 개수}$$

최종 정리된 의견이 8개인 경우, 위의 공식에 따라서 참가자는 인당 3개의 투표권을 갖게 됩니다. 즉, 3개의 의견을 선택할 수 있게 되는 것입니다.

다수투표

3) 의사결정 그리드 Decision Grid

다수의 아이디어에서 명확하고 분류된 아이디어를 나타내기 위한 매트릭스 Matrix로 의사결정 프로세스에 보다 객관성을 부여하는 방법입니다. 아이디어의 우수성을 판단할 수 있는 평가 기준에 따라서 그리드 위에 아이디어를 배치해서 기준에서 높게 평가받는 아이디어를 결정합니다. 아이디어들을 평가기준에 따라서 분석하면 프로젝트 팀이 정한 기준에 대해서만 아이디어를 평가할 수 있다는 점과 다른 대안들과 한 눈에 비교해서 볼 수 있기 때문에 평가 결과를 전체적으로 조망할 수 있다는 장점이 있습니다. 아이디어를 평가하는 의사결정 기준은 프로젝트 팀원들과 함께 결정합니다.

① 의사결정을 위한 선정 기준을 논의합니다.

② 의사결정 그리드를 준비합니다

③ 각자 희망하는 과제명을 한 개씩 포스트잇 위에 기록합니다.

④ Matrix의 가로축과 세로축에 결정된 기준을 기록합니다.

⑤ 팀원들과 아이디어를 평가하여 9개 상자 안에 배치합니다.

⑥ 대각선을 그어 대각선 우측 상단(Hot Spot)을 기준으로 우선순위를 결정합니다.

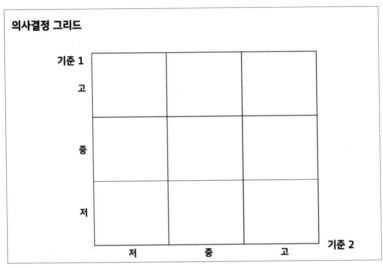

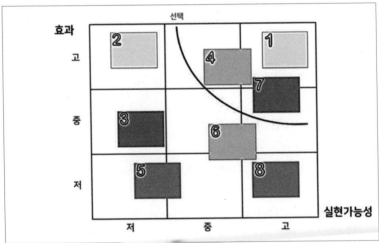

의사결정 그리드

[6단계: 프로토타입 & 테스트]
Prototype & Test

프로토타입

프로토타입은 해결방안 초기에 아이디어와 콘셉트를 소규모, 저비용으로 신속하게 시제품으로 만들어 핵심 기능들을 위주로 테스트하면서 완성도를 높여가는 기법입니다. 디자인씽킹이 여느 문제해결 프로세스와 확연하게 차이가 나는 단계이기도 합니다. 대부분의 경우 해결안은 여러 대안들 중에 다양한 방법으로 심사숙고하여 최선의 대안 한 가지를 결정하는데 많은 시간을 사용합니다. 여기서의 심사숙고는 실질적으로 대안을 실행하는 활동이라기 보다는 시뮬레이션이나 분석 등으로 A나 B안 중에 어떤 것이 더 실용성 있을 것인지, 수익성이 되는지 등을 연구합니다. 이렇게 오랜 시간을 들여 출시된 제품은 이미 다른 곳으로 마음을 돌린 고객들에게 외면당하기 일쑤입니다. 반면에 프로토타입은 그 심사숙고의 시간을 고객과의 빠른 접촉을 통해 고객의 더 원하는 제품으로 변신해 가는데 활용합니다. '실패는 빠르고 저렴하고 일찍'이라는 말처럼 빠르게 실행해보고 실패하면서 고객이 원하는 것이 무엇인지를 더욱 확실하게 알아갑니다. 따라서 프로토타입은 고객에게 제품에 대해서 설명할 수 있을 정도의 최소한의 기능만을 가진 형태를 띤 MVP_{Minimum Viable Product}로 생각해볼 수도 있습니다.

1) 프로토타입의 4유형

프로토타입은 고객에게 제공하는 형태에 따라 4가지 유형으로 구분할 수 있습니다.

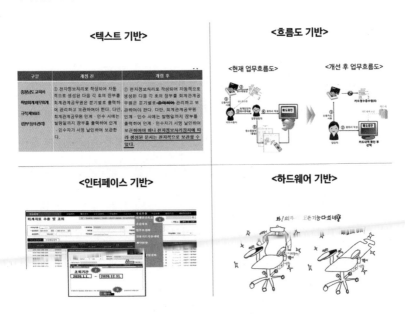

(1) 텍스트 기반

글로 표현되는 상품 또는 서비스에 관련한 프로토타입으로 현재 모습과 변경 후의 모습을 작성하여 어느 부분이 어떤 내용으로 변경되는지를 확인할 수 있도록 작성하는 것입니다. 예를 들면 법령이나 규칙, 매뉴얼의 내용 등이 텍스트 기반으로 작성될 수 있습니다.

(2) 흐름도 기반

업무 진행 순서, 동작, 동선 등 순서에 기반하여 서비스를 흐름도로 구현하는 것입니다. 하나로 연결되어 있는 것 같지만 작은 행동의 단위로 쪼개보면 현재 상황에서 어느 단계를 수정하는지 확인할 수 있습니다.

(3) 인터페이스 기반

디지털로 구현되는 서비스와 제품으로 PC 또는 모바일상에서 구현되는 모습이 어떻게 변화되는지를 인터페이스 상에 구현하는 것입니다. 예를 들면 업무 시스템, 홈페이지, 앱 등에서의 프로토타입이 인터페이스 기반으로 작성할 수 있습니다.

(4) 하드웨어 기반

주변 물품을 활용하여 실제 사용되는 상품의 모습을 구현해보는 것입니다. 크기나 외형보다는 제품이 가지는 최소 기능을 구현하여 고객에게 설명할 수 있습니다.

프로토타입 만들기

위의 4가지 유형에 따라서 고객에게 선보일 프로토타입을 만듭니다. 프로토타입 작업이 어떻게 이루어지는지 깊은 이해를 위해 의료서비스 팀이 진행한 하드웨어 기반의 프로토타이핑 사례를 알아보도록 하겠습니다. 잊지 마세요. "실패는 빠르고 저렴하고 일찍!"

의료서비스 팀은 중환자실에서 고객관찰과 인터뷰를 진행하면서 보호자가 거동이 불편한 환자의 양치질을 도와줄 때 Pain Point가 있음을 발견했습니다. 양칫물이 환자의 입가로 흘러내리거나 목으로 넘어가는 불편함이 있었습니다.

의료서비스팀은 환자의 양치질을 도와줄 다양한 아이디어들을 냈습니다. 헹굼 거품이 발생하지 않는 치약, 치약 헹군 물을 빨아들이는 칫솔, 씹는 치약, 헝겊으로 된 칫솔, 삼켜도 되는 치약, 입가에 흘러내리는 물을 받아내는 받침대를 생각해냈고, 이중 치약 헹군 물을 빨아들이는 칫솔을 해결방안으로 정하였습니다.

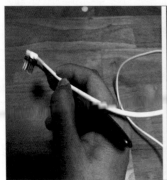

프로토타입 예시●

● '디자인씽킹으로 일 잘하는 방법', 김형숙, 김경수, 봉현철(2018), 초록비책공방

프로젝트 팀은 이 아이디어를 실제 상황에 적용해 보기 위해 콘셉트로 구체화했습니다. 일차적으로 칫솔 뒷부분에 플라스틱 관을 매단 프로토타입을 간단히 만들었습니다. 플라스틱 관의 나머지 끝부분에는 고무공 같은 펌프를 매달았습니다. 펌프를 손으로 누른 뒤 놓으면 고무공이 펴지면서 플라스틱 관을 통해 입안의 물이 빨아들여지도록 했습니다. 궁극적인 문제해결 기능에 집중한 아주 간단한 모형이었습니다.

프로토타입을 비대면 상황에서는 어떻게 진행할 수 있을까요? ALLO의 다양한 기록 기능이 프로토타입을 더욱 빠르고 실재감 있게 도와줍니다. 실제 제품을 만들 수 없는 상황이어서 ALLO에 관련 이미지를 업로드하고 그리기 기능으로 추가로 그려서 프로토타입을 작성합니다. 인터넷에서 관련 이미지를 업로드하고 그 위에 필요한 이미지를 그리고, 추가 설명 자료를 팀원들과 이야기를 나누면서 결과물을 시각화할 수 있도록 돕습니다.

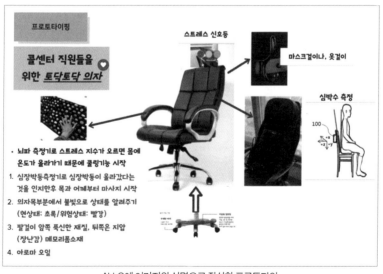

ALLO에 이미지와 설명으로 작성한 프로토타입

테스트

학습팀이 고객 공감을 통해 고객이 진짜로 해결하고 싶고 바라는 결과물을 최선을 다해서 만들었다고 상상해 봅시다. 팀원 모두 눈앞에 있는 이 결과물을 보고 감격과 흥분을 가라앉히기 어려울 정도로 참신한 아이디어였고, 누가 보더라도 학습팀이 생각한 고객에게 도움이 되는 제품이었습니다. 자, 이 정도면 고객이 만족할만한 해결안이 도출되었다고 자신할 수 있을까요? 아닙니다. 제품을 만든 사람들은 모두 환호했지만 정작 고객은 외면하는 사례들을 뉴스나 저널 등 매체를 통해서 들을 수 있습니다.

여기 세계적으로 환호받고 많은 사람들이 지지했지만 정작 그 제품을 사용해야하는 고객에게는 외면당한 비운의 제품이 있습니다. 이것은 바로 아프리카 주민들의 식수 문제를 해결하기 위해서 전역에 설치되었다가 고철 쓰레기가 되어버린 '플레이 펌프' 이야기입니다.

플레이펌프는 2000년 가장 혁신적인 아이디어 중에 하나로 선정된 제품입니다. 회전 놀이 기구를 물 펌프에 연결하고, 아이들이 그 기구를 돌리면서 놀면 지하의 물이 펌프를 통해 퍼올려지는 장치입니다.(어릴 적 학교 운동장에서 친구들과 열심히 매달리기도, 돌리기도 했던 일명, 뱅뱅이 기억하시나요?) 이 아이디어는 나이지리아 공화국에서 우물을 파는 사업을 하던 로니Ronnie Stuiver가 회전 놀이 기구를 돌리며 신나게 노는 아이들의 모습에서 아이디어를 떠올리게 되었다고 합니다. 아프리카의 많은 나라에서는 물 부족으로 인해 지하수를 써야 하는데, 마을 주민들이 하루 종일 힘든 펌프질을 해야 물을 얻을 수 있었습니다. 로니는 광고회사의 임원인 트레버Trevor Field를 통해 물탱크에 광고판을 달아서 광고 수입을 얻는 아이디어를 추가했습니다. 물탱크의 네면 중 두 면은 기업 광고를, 나머지 두 면은 에이즈 예방과 같은 공익 광고를 달아 정부나 공공기관에 판다는 아이디어였습니다. 수많은 자선단체들이 이 아이디어를 극찬했고 미국의 대표적 비영리기관인 케이스 재단Case Foundation이 플레이 펌프에 관심을 보이며 투자를 결정합니다. 케이스 재단은 자선기금을 통해 아프리카에 플레이 펌프를 설치하기 위해 전세계에 투자자를 모집하기에 이릅니다. 플레이 펌프에 대한 인기는 2006년 미국 부시 대통령의 부인 로라 부시와 전 대통령인 빌 클린턴의 지지를 받으며 절정에 이르게 됩니다. 빌클린턴 재단은 더 많은 플레이 펌프가 설치되기를 바란다며 1640만 달러를 기부하기도 합니다. 당시 기부 금액으로서는 기록적인 금액이었습니다.

2008년 무렵, 플레이 펌프는 남부 아프리카 지역에 1,000여 기가 설치되었습니다. 모잠비크, 스와질랜드 등 물 부족으로 고통받는 지역에 집중적으로 설치되었습니다. 2010년까지 4,000여 기를 추가 설치하는 것을 목표로 전 세계 자선단체로부터 기부금을 모집하였습니다. 플레이 펌프는 전 세계적으로 "창의적인 아이디어가 세상을 구할 수 있다." 라는 모토의 대표적인 사례로 꼽히게 되었습니다.

1년이 지난 2009년 영국의 주간지 가디언Guardian은 플레이 펌프가 어떻게 운영되고 있는지 취재했습니다. 플레이 펌프에서 놀고 있는 아이들 모습은 보이지 않고 기구는 녹이 슨 채 방치되어 있었습니다. 가디언지의 조사에 따르면 마을주민 2,500명에게 15리터의 물 공급을 위해서는 플레이 펌프가 하루 27시간 동안 쉬지 않고 회전해야지만 가능하다고 합니다. 더 황당한 것은 바로 아이들이 플레이 펌프를 재미있어하지 않는다는 것입니다. 우리 어렸을 적 뱅뱅이 타던 시절을 회상해 보면 뱅뱅이를 일단 빠르게 돌리기 위해 미친듯이 달리다가 속도가 붙으면 훌쩍 올라타고는 스피드를 즐겼던 것을 기억하실 겁니다. 그런데 이 회전 기구에는 펌프가 연결되어 있어 뱅뱅이를 돌렸을 때 생긴 에너지가 물을 끌어올리는데 사용되다 보니 자연스럽게 회전 속도 떨어지게 되어 아이들에게 더 이상 재미있는 놀이가 되지 않는 것입니다. 그러다 보니 정작 플레이 펌프에 매달려 돌리고 있는 사람들이 아이들이 아니라 물이 필요인 어른들인 상황이 되어 버렸습니다.

게다가 플레이 펌프는 기존 수동 펌프의 가격보다 훨씬 비싸다는 것도 문제가 되었습니다. 약 3배 정도 더 비싼 것에 더해 유지 수리 비용도 만만치 않았죠. 2007년 UNICEF의 보고서에는 잠비아에 설치된 플레이 펌프 중에서 약 25%가 수리를 필요했지만 고가인 수리 비용이 없어 포기했고, 수리를 위해 전화를 하더라도 이를 수리할 수 있는 인력이 워낙 적다보니 6개월 이상 기다려야 했다고 합니다.

물탱크의 4면을 광고판으로 활용해서 유지보수 비용을 마련한다는 계획도 제대로 실행되지 못했습니다. 2010년에 조사에 바에 따르면 플레이 펌프의 약 80%가 아무런 광고도 실리지 못하고 방치되었다고 합니다. 결국 남아프리카에 설치된 2,000여 개의 플레이 펌프 대부분 작동이 중지되거나 철거되었습니다. 처음은 신박하고 참신한 아이디어였지만, 결국 그 아이디어를 실행하는데는 정작 아이들과 주민의 의견을 제대로 반영하지 않은 상태에서 확장만 하다가 실패하게 된 것입니다.

새로운 아이디어가 나오면 더 이상 연구나 검증을 진행하지 않고 아이디어의 창의성만을 높이 산 나머지 바로 실행에 옮겨버리는 우를 범하는 일들이 종종 있습니다. 문제가 사회적 가치 실현과 관련된 공적 서비스의 영역인 경우, 아이디어에 대한 테스트나 검증은 '쓸데없이 깐깐한' 일로 치부해 버립니다. "모두가 좋아진다잖아."라는 참신한 아이디어의 가면에

가려 고객의 니즈가 무엇이었는지 그 본질을 파고드는 테스트와 수정 단계를 놓치게 되고 마는 것입니다.

아프리카의 플레이 펌프 사례처럼 만들어 놓고 고객에게 외면당하는 것이 되지 않기 위해서는 빠른 프로토타입으로 고객의 마음을 확인하고 테스트를 통해 고객의 니즈에 맞게 계속 맞춰가는 테스트 과정이 필수적으로 필요합니다.

이제, 학습자들에게 테스트의 중요성을 안내했으니 테스트 계획을 수립하도록 합니다. 팀에서 자유롭게 계획을 수립할 수 있도록 할 일, 일정, 담당자 항목만 제공합니다.

테스트 계획 수립

what	when	who

테스트 계획 수립

테스트 결과 실패했다면... Iteration

테스트 결과 고객으로부터 수정할 사항을 파악했다면, 프로젝트 팀은 이를 반영하기 위해 다시 앞 단계로 돌아가 수정하게 됩니다. 이 과정을 이터레이션Iteration이라고 합니다. 디자인씽킹에서 **빠른 실패**를 통해 학습하고 이를 반영해서 고객의 니즈에 더 다가가기 위한 독특한 절차가 바로 이 과정입니다.

결과물 수정은 피드백 내용에 따라서 바로 아이디어 단계로 되돌아갈 수 있고, 문제 정의가 잘못된 것이라면 더 앞 단계인 문제정의하기 단계로 되돌아가야 할 수도 있습니다. 이렇듯 테스트 단계와 앞 단계를 반복하면서 고객의 니즈에 한층 더 가까운 결과물을 만들어가게 됩니다. 그렇기 때문에 프로토타입을 일찍 만들어서 여러 번 테스트를 하는 것이 좋습니다. 수업 설계 시에 이를 고려하여 테스트와 수정을 학습자가 충분히 경험해서 결과물을 도출할 수 있도록 프로토타입 단계를 최대한 앞당겨서 배치하면 좋습니다.

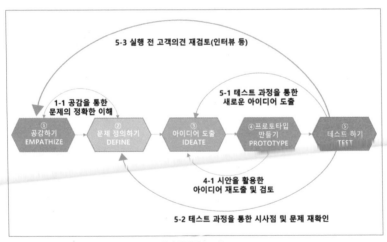

디자인씽킹 Iteration

[7단계 : 회고]
Retrospective

프로젝트 팀 결과를 모든 학습팀원들과 공유하는 마지막 7단계는 운영의 묘가 필요합니다. 학습자 팀원 중 대표자 한 명이 간단하게 내용만 전달하고 마치는 단계가 아니라 팀의 결과를 자랑하고 그 동안의 노력을 치하하면서 즐거워지는, 그리고 그 안에서 학습이 일어나는 의미있는 시간이 되었으면 합니다.

마지막 단계가 되면 으레 학습자의 몰입과 동기가 서서히 희미해지면서 팀워크도 흐트러져 리더 역할을 맡은 학습자가 마무리를 책임지고 가는 상황이 되기도 합니다. 몰입, 학습 동기, 팀워크를 끝까지 유지하면서 의미 있는 수업으로 마무리하려면 어떻게 해야 할까요?

여기 모든 학습자가 발표자가 되고 또 동시에 모든 학습자가 평가자가 되면서 학습도 이루어지는 방법을 소개해 드리겠습니다.

팀 구성 및 공유 방법

1) MMT mixed member team

각 학습팀에서 한 명씩 뽑아 임시로 새로운 팀을 구성하는 방법입니다. 새롭게 구성된 팀에는 기존 학습팀의 구성원이 골고루 배정되어 효과적으로 팀 간 결과물을 공유할 수 있습니다. 또한 모든 학습자가 자신의 팀의 결과물을 완벽히 이해해서 짧은 시간 동안에 설명해야 하기 때문에 개인의 기획 능력 향상과 프로젝트 몰입에도 도움이 됩니다. 무임승차자가 없는 결과 발표회가 되는 것입니다. 또한 소그룹으로 운영되기 때문에 질의응답과 피드백이 용이해져 팀 간 결과물을 통한 학습이 일어납니다. 다른 관점으로 바라본 타 팀원의 피드백은 신선한 질문과 아이디어로 결과물을 업그레이드 할 수 있도록 도와줍니다. 공유 방법은 아래와 같습니다.

발표 팀 구성 : MMT(Mixed Member Team)

팀 편성

구분	1	2	3	4	5
A	A	A	A	A	A
B	B	B	B	B	B
C	C	C	C	C	C
D	D	D	D	D	D
E	E	E	E	E	E

운영

시간	진행 내용
13:00~13:10	진행 안내 및 팀 구성
13:10~13:27	Session 1.
13:27~13:44	Session 2.
13:44~14:01	Session 3.
14.01~14:11	휴 식
14:11~14:28	Session 4.
14:28~14:45	Session 5.
14:45~15:00	종합 성찰

MMT 안내

① MMT와 소그룹 운영 계획을 안내합니다.

② 교수자가 사전에 정해놓은 규칙에 따라서 새로운 팀을 구성합니다.

③ 새로운 팀 구성원과 소회의실로 이동합니다.

④ 계획된 시간에 따라서 각 팀의 팀원이 돌아가며 결과물을 공유합니다.

⑤ 본래 팀으로 돌아와서 각자 받은 질문과 피드백을 공유하고 이를 결과물에 적용할지 결정합니다.

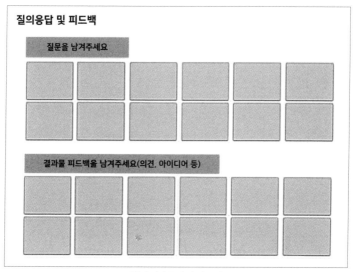

팀별 질의응답 및 피드백

2) 투자 대회

프로젝트의 의미와 실재감을 높여주는 투자 대회를 진행할 수 있습니다. 투자가라면 나는 어느 팀의 상품에 투자를 할 것인지 판단하고 모의투자하는 개념입니다. 학습자 개인은 각자 투자자이고 교수자가 지급하는 동일한 투자금을 가지고 있습니다. 학습자는 MMT를 통해 전체 팀의 결과물을 소개받았습니다. 상품에 대해 궁금한 점도 확인했고, 관련해서 다양한 의견도 제시했습니다. 이제 어느 팀에 투자할 것인지 개인적으로 결정을 하면 됩니다. 이런 방식으로 투자자 대회를 연다면 MMT에서의 공유는 한 마디로 상품 설명회가 됩니다. 과정 설계시 투자자 대회를 넣게 된다면, 이를 사전에 학습팀에 공지합니다. 투자 대회가 결과 공유회를 더욱 생동감 있고, 진지한 모드로 바꾸는데 도움이 될 것입니다.

투자 대회 안내

투자시 유의 사항

- 투자자 정보를 빠짐없이 기입합니다.
- 본인 팀을 제외한 모든 팀에게 투자해야 합니다.
- 투자금의 합계는 투자금으로 받은 전체 금액과 동일해야 합니다.
- 투자자들의 결과 합계는 다음 수업에서 공개됩니다.

투자자 정보		성명 :				소속 팀 :		
팀	( )팀	( )팀		( )팀		( )팀		합계
투자 금액	원	원		원		원		원

본인 ( )은 상기 내용과 같이 투자할 것을 서약합니다.

20 년 월 일

투자자 이름 :   서명 :

투자 신청 용지 샘플

① 각 학습자에게 동일한 투자금(₩ 000000원)이 적힌 종이와 투자 신청 용지를 지
급합니다.

② MMT로 결과물을 공유합니다.

③ 투자 신청 용지에 각 팀별 투자 금액을 적어서 제출합니다.

회고-프로젝트를 다시 돌아보라

영어에 retrospective리트로스펙티브라는 단어가 있습니다. 보통 회고라고
해석하는데 그 어원을 살펴보면 라틴어에서 뒤를 뜻하는 retro-와 본다는
뜻의 spectare가 결합된 단어입니다. 직역하면 뒤돌아본다는 뜻이 됩니다.
통상 프로젝트 관련해서 리트로스펙티브라고 하면 다음을 뜻합니다.

---

retrospective a ritual held at the end of a project to learn from the
experience and to plan changes for the next effort.

리트로스펙티브 경험에서 학습하고 다음 노력을 위한 변화를 계획하기 위해 프로젝
트가 끝날 때 열리는 의식

(출처: http://www.retrospectives.com)

'회고'는 프로젝트 말미, 혹은 프로젝트 중간 목표를 달성한 후 점검을
위한 활동입니다. 프로젝트 팀이 지난 행적을 돌이켜보면서 문제점을 밝
혀낸 뒤, 개선 아이디어와 구체적인 실행 방안을 내고 이를 그 다음 업무
에 효과적으로 이를 적용시키기 위한 것입니다. 회고 활동을 하면서 팀은
좋은 팀으로, 좋은 팀은 훌륭한 팀으로 거듭날 수 있고, 프로젝트에 동참한
모든 일원도 더욱 진지하게 사안에 대해 고찰하여 프로젝트를 한층 훌륭
하게 마무리할 수 있습니다.

일 잘한다고 소문난 회사나 최근 각광받고 있는 문제해결 프로세스들을 보면 이러한 마무리 단계를 진행하고 있으면 이는 다양한 이름으로 불리고 있습니다. 그 본질은 그들이 진행한 프로세스, 행동들을 돌아보고 이를 통해서 통찰을 얻어 조직이 더욱 성장하는데 도움이 되도록 하는 과정이라는 것입니다. 그 중 대표적인 것이 애자일에서의 회고, 액션러닝에서 성찰이라 정리됩니다. 교수법에서도 학습자가 학습 결과를 스스로 정리하며 돌아보게 하기 위해서 수업의 마무리 단계에서 리뷰Review 또는 리비짓Revisit의 단계를 거치도록 합니다.

그래서 프로젝트 수업마다 그 마지막 의미를 살리기 위해 마무리하는 단계를 운영하고 있지만 대부분의 경우 수업 시간에 쫓겨 형식적으로 진행되고 있는 모습을 보게 됩니다. 첫째는 회고하는 포인트가 잘못 조준된 점이고 두 번째는 운영하는 시간이 촉박하기 때문입니다. 따라서 수업을 설계할 때 회고하는 시간을 충분히 여유있게 운영하기 위해 수업 계획표에 15주차의 한 차시를 회고 시간으로 배정할 것을 권장합니다. 회고는 학습자들이 전체 프로젝트 경과를 돌아보고 배우고 느끼고 깨달은 바를 정리하는 시간이기 때문에 여유있게 진행하는 것이 관건이라고 볼 수 있겠습니다.

개인적으로 내용을 학습 팀 안에서 나누면서 다른 사람들의 인사이트를 통해서 상호학습이 가능해집니다. 또 팀 안에서 정리된 내용을 팀 간으로 공유하면서 마치 스노우볼처럼 공유하면 할수록 학습자가 가져가는 인사이트들은 더욱 커져갑니다.

ALLO의 맨 마지막 페이지는 각 팀의 회고를 위한 것입니다. 가로축은 문제해결 프로세스별로, 세로 축은 배운 점, 깨달은 점, 적용한(할) 점으로 깊이 생각하고 나눌 수 있도록 구성하였습니다. 교수자는 회고에 도움이 되는 질문을 던지고 그들이 서로 생각과 경험을 나누면서 학습을 다지며 회고에 깊게 빠져들 수 있도록 기다리면 됩니다.

회고(Retrospective)

프로젝트 수업을 통해서 무엇을 배우고, 깨닫고 적용해 보았나요?
팀원들과 회고를 통해 우리가 함께 쌓은 것들을 나눠보겠습니다.

문제해결 단계	고객 공감	문제정의	아이디어 도출	프로토 타이핑	테스트
배운 것					
깨달은 것					
적용한(할) 것					

회고 작성

진짜 학습을 만드는
Wild Pitching

프로젝트 수업을 하는 이유는 현장에 답이 있기 때문입니다.

그렇다면 진짜 현장에 닿는 수업을 설계하셨나요?

수업이 아주 조금 아쉽다면 현장에 연결되지 않아서입니다.

모든 수업의 목표는 학습이 끝난 후 학습자에게 도움되는 무엇인가를 남기는 것일 것입니다. 특히나 프로젝트 수업을 마치고 학습자들이 만든 결과물이 단순한 발표회로만 끝나는 것은 누구도 원하지 않을 것입니다. 그렇다면 프로젝트 수업의 끝은 어떻게 연결되어야 할까요. 애초에 프로젝트 수업이 현실에 가까운 학습을 원했다면 결과물도 현실과 연결되어야 할 것입니다. 그런 의미에서 프로젝트 수업의 결과물은 강의실과 연구실을 넘어 실제 결과물이 필요한 기업이나 기관에 연결되는 와일드 피칭Wild Pitching을 설계할 것을 추천 드립니다.

단순히 정답이 있는 수업이라면 누구나 평가할 수 있겠습니다. 하지만 프로젝트 수업에서의 결과물은 정답이 없습니다. 그래서 가장 정확한 평가는 교수자도 전문가도 확언할 수 없습니다. 하나 확실한 방법이 있다면 진짜 고객과 기업이 인정해주는 것일 것입니다. 와일드 피칭은 바로 이러한 방법입니다. 와일드 피칭을 설계 하는 것에는 몇 가지 중요한 포인트가 있습니다.

첫째, 과제를 시작하는 시점에 와일드 피칭을 할 것임을 합의하여야 합니다. 학습자들에게 연구실 속에서만의 답이 아닌 명확한 고객의 답을 찾도록 눈높이를 맞춰 주는 작업입니다. 만약 이러한 전달이 없이 마지막 평가에 이르러서 고객에게서 검증을 해오라는 평가 기준을 제공하면 어떻게 될까요? 연구 과정에서 고려되었어야 할 피드백이 끝에서 나오게 되는 것입니다. 최악의 경우는 연구 결과에 적합한 고객을 찾아서 자신의 의견을 합리화하는 과정으로 진행될 것입니다. 와일드 피칭은 반드시 사전에 안내되어야 합니다.

둘째, 결과물의 평가에 와일드 피칭과 관련된 기준을 제공하여야 합니다. 와일드 피칭은 번거로운 작업입니다. 기존의 학습 과정처럼 열심히, 성실히 그리고 기억하는 정도만 측정하는 것이 아닙니다. 굳이 맞닥뜨리지 않고 피할 수 있는 세상의 칼날을 자신의 아이디어를 견주어 보는 활동입니다. 세상에 견주는 것 자체가 큰 학습이 될 것이며 그 어떤 것보다 더 확실한 결과물이 되어 줄 것입니다. 평가 요소에 와일드 피칭을 통해 기업이나 기관에서 아이디어에 감사를 표하거나 채택한다면 최고점을 주어야 할 것입니다. 하지만 이러한 피드백을 받지 못한다 해도 다수 시도한 것도 긍정적인 평가를 주며 조금이라도 세상에 더 뻗어가려는 평가기준을 제공하는 것이 프로젝트 수업의 방향과 일치합니다.

셋째, 와일드 피칭을 주문하지 마세요, 촉진하세요. 학습자가 프로젝트 수업에 풍덩 빠져서 세상으로 내보내려 한다 해도 이는 분명히 이는 어려운 과정입니다. 과제에 적합한 기업과 기관을 찾아서 직접 검증하는 것을 알아서 해오라고 하면 수업 자체를 포기할 수 있습니다. 교수자는 학습자가 중도 포기하지 않고 끝까지 여행을 마칠 수 있도록 함께 찾아보고 질문을 주도록 합니다.또는 현장에서 비즈니스로 이행하고 있는 사람을 미리 섭외해 주는 것도 큰 자극이 되리라 생각합니다.

와일드 피칭은 교수자가 가르쳐 줄 수 있는 것 그 이상을 만드는 가장 확실한 방법입니다. 학습자는 조금 더 구덩이를 마주 하겠지만 수업이 끝나면 세상에 던져본 경험을 갖게 될 것입니다. 실패하더라도 많은 피드백이 남더라도 앞으로의 학습 또는 인생의 방향을 만들어 줄 것입니다. 프로젝트 수업 꼭 와일드 피칭Wild pitching 하세요.

참고 도서 및 참고 자료, 사이트

CHAPTER 1

- 52 Best Online Collaboration Tools & Software for Teams [2021], Proof Hub, https://www.proofhub.com/articles/best-online-collaboration-tools
- Teaching Methods Overview, University of Central Florida, Faculty Center, https://fctl.ucf.edu/teaching-resources/teaching-strategies/teaching-methods-overview/
- John Hattie (2009), Visible Learning: A Synthesis of Over 800 Meta-Analyses Relating to Achievement, Newyork: Routledge
- Rigorous PBL by Design: Three Shifts for Developing Confident and Competent Learners.
- John R, Savery(2006) Rverview of Problem-based Learning: Definitions and Distinctions, Interdisciplinary Jornal of problem Based Learning
- John Larmer(2014) Project-Based Learning vs. Problem-Based Learning vs. X-BL, Edutopia, https://www.edutopia.org/blog/pbl-vs-pbl-vs-xbl-john-larmer
- Jonassen(1997) Instructional design models for well-structured and Ill-structured problem-solving learning outcomes
- 강명희, 정재삼 외 〈교육방법 및 교육공학〉 2017, 교육과학사
- 홍성연, 유연재, 코로나19로 인한 비대면 원격교육환경에서 학습성과 영향 요인 분석, (2020) 교육공학연구 journal of educational technology Vol 36. No. 3 pp. 957-989
- Russell, J. E., Van Horne, S., Ward, A. S., Bettis III, E. A., Sipola, M., Colombo, M., & Rocheford, M. K. (2016). Large lecture transformation: Adopting evidence-based practices to increase student engagement and performance in an introductory science course. Journal of Geoscience Education, 64(1), 37-51.
- Soffer, T., & Nachmias, R. (2018). Effectiveness of learning in online academic courses compared with face to face courses in higher education. Journal of Computer Assisted Learning, 34(5), 534-543.
- Fallon, Helen and Breen, Ellen (2005) Developing student information literacy skills to support project and problem-based learning. In: Handbook of Enquiry and Problem-based Learning. , pp. 179-188.
- Dae Hyun Lee, Yen-woo You, Yong Kim(2017) An Analysis of Online Learning Tools Based on Participatory Interaction: Focused on an Analysis of the Minerva School Case

- Ellen Breen, Helen Fallon(2005) Developing student information literacy to Support Project and Problem-Based Learning
- Kim YangSoon(2021) The Problem/Project-Based Learning (PBL/PjBL) at Online Classes, International Journal of Advanced Culture Technology Vol.9
- 채민정, 이종연(2017) 대학 오프라인과 온라인 수업의 질, 학습정서, 학습성과간의 구조적 관계 분석, 교육정보미디어연구
- 유지원(2014) 대학생의 팀 기반 프로젝트 학습에서 학습성과에 대한 협력적 자기효능감, 팀 효능감, 팀 상호작용 간 관계, 학습자중심교과교육학회

CHAPTER 2

- Adapted from E. Dale, Audiovisual Methods in Teaching, 1969, NY: Dryden Press.
- http://www.aitimes.com/news/articleView.html?idxno=132355(2020.9.22.)
- Osama Irfan(2016). Effect of using 4mat method on academic achievement and attitudes toward engineering economy for undergraduate students, Qassim University, Kingdom of saudi Arabia.
- D. Randy Garrison, Terry Anderson, Walter Archer(2010) The first decade of the community of inquiry framework: A retrospective, Unternet and higher education 13, 5-9
- Participants learn best when they reflect together with like-minded colleagues: "comrades in adversity" -Revans(1982, p.720)
- HOW TO 맥킨지 문제해결의 기술 : 사례편, 오시마 사치요(2017)
- 오은주(2017) 팀 역학과 팀 프로젝트 기반 수업설계, 인문사회과학기술융합멀티미디어논문지 7권 10호
- Wagner, R. W. (1970). Edgar Dale: Professional, Theory into Practice, 9(2), 89-95.
- De Bono, E. (1982). Plus, Minus, Interesting Weighing the Pros and Cons of a Decision
- Dale, E. (1969). Audiovisual methods in teaching (3rd ed.). New York: Dryden Press.
- 권성연(2011) 온라인 수업에서 교수실재감, 학습접근, 만족도 및 학습효과 인식 간의 관계 분석, 한국교육공학회
- 주영주, 하영자, 김은경, 유지원(2010) 사이버대학에서 교수실재감, 인지적 실재감, 사회적 실재감과 학습성과와의 구조적 관계 규명, 정보교육학회논문지
- Joan M, Susan N(2010) Assessing The Impact of the 4MAT Teaching Model Across Multiple Disciplines in Higher Education, College Teaching, 58: 19-27
- An introduction to the learning pit by its creator, James Nottingham, Challenging Learning, 1997

CHAPTER 3

- Creating the Opportunity to Learn: Moving from Research to Practice to Close the Achievement Gap, by A. Wade Boykin, Pedro Noguera
- Jennifer A. Fredricks, Phyllis C. Blumenfeld and Alison H. Paris(2004) School Engagement: Potential of the Concept, State of the Evidence, Review of Educational Research, Vol. 74, No. 1
- Park & Yun(2017) The Influence of Motivational Regulation Strategies on Online Students' Behavioral, Emotional, and Cognitive Engagement, American Journal of Distance Education
- 임희준(2020) 다차원적 관점에서의 참여에 기초한 초등과학 수업 참여의 잠재집단 분석 및 차이 탐색, 초등과학교육
- 신현숙(2014) 중학생이 지각한 교실맥락과 인지적 참여의 관계에서 행동적 및 정서적 참여의 중다매개효과

CHAPTER 4

- 임이랑, 김주연, 황지원, 박다솜, 2020, 대학에서의 효과적인 비대면 수업운영을 위한 교수 전략 탐색 : 학습자 경험분석을 중심으로, 교육혁신연구, Journal of Educational Innovation Research 2020, Vol. 30, No. 4, pp.23-54,
- Wellins, Byham & Willson(1991), Empowered teams creating self-directed work
- groups that improve quality, productivity, and participation, San Francisco, CA : Jossy-Bass Inc.
- 사회 혁신을 위한 디자인 씽킹과 액션러닝의 통합모형, 박상혁, 오승희, 박정선, 이명관 (2016) Asia-Pacific Journal of Business Venturing and Entrepreneurship Vol.11 No.2 pp.89-100
- '디자인씽킹, 경영을 바꾸다', 진 리드카, 팀 오길비, 초록비책공방
- '디자인씽킹으로 일 잘하는 방법', 김형숙, 김경수, 초록비책공방
- '브레인라이팅', 다카하시 마코토, 이아소
- '아이디어 요리하는 아이디어', 박종하, 끌리는책
- '애자일 회고', 에스더 더비, 다이애나 라센, 인사이트(insight),
- 액션러닝에서 성찰의 조직화 사례: A사의 리더십 개발 과정을 중심으로, 안동윤(2006), 한국 평생교육학회